AF279654

El cielo en la mirada
En los labios la tentación

Elena M.Dols

Editorial *Metamorfosis*

Autora: Elena M. Dols
Diseño de portada   Sara Márquez Indias
Maquetación: David Román Alcalde

© 2025 Elena M. Dols
© 2025 Editorial Metamorfosis

ISBN: 979-13-87611-07-1

Mi eterno agradecimiento para quien ha creído siempre en mí, me ha dado aliento y ha hecho con su perseverancia, que todo esto sea posible una vez más.

"De amor, no preguntes nunca a los cuerdos; los cuerdos aman cuerdamente y eso es, como no haber amado nunca."

JACINTO BENAVENTE

PRÓLOGO

La asignatura del amor se aprende, ejercitándolo, entre susurros, gemidos, miradas que queman, con los gestos, con las palabras, con los detalles, soñando en grande, intentando alcanzar las estrellas con las manos.

Hay demasiadas cosas feas en nuestra vida y el amor y la pasión lo que hacen es que te ayudan a saltar barreras.

El disfrute erótico ha sufrido a lo largo de la historia una evolución lenta. Debido a las condicionantes morales en épocas pasadas.

Detrás de cada poema se esconde una cita, un viaje a la aventura romántica y sensual y no puedes perdértela porque en el amor y la ciencia casi todo vale.

La existencia de una expresión erótica por escrito, ha sido en todas las culturas, símbolo de un gran desarrollo en la literatura, ahí está el Cantar de los Cantares, una exquisitez sensual en muchos de sus salmos, así como Safo, siglo VI a C. que da inicio a

la literatura erótica griega, con todos los sentimientos humanos ligados a la pasión, la nostalgia, la dulzura, la ternura.

El erotismo y la pasión fue por muchos años considerado como algo perverso y diabólico y ya es en el renacimiento, que llega como una ventisca de aire fresco y se pone a rescatar la libertad y las formas elegantes, aunque la pesada tradición religiosa predomina.

Fue Fray Luis de León quien dijo, que al alma se llega a través del cuerpo, así como Sor Juana Inés de la Cruz, eleva sus versos, de alto contenido erótico, en su pasión mística, que desemboca en el éxtasis o la locura.

Los poemas eróticos, tienen la capacidad de romper los muros de las palabras y trasmitir sensaciones únicas al lector, que puede dejar volar sus fantasías.

Un poema es siempre una descripción literaria, de un estado emocional, existencial.

También se dice que cuando alguien escribe poesía, es porque algo le atormenta y debe digerir el abandono de las musas, de alguna manera.

Hay que atreverse y saltar las barreras del tiempo y dejar de lado el posicionamiento pasivo, dejar volar la

imaginación sin dejarla encerrada, bajo el palio del amor conyugal, que tantas veces no es tal.

La poesía erótica es la sed de explorar, el sexo, el cuerpo, es el deseo en su estado más puro.

Amor con sexo y sexo con amor, todo surge cuando hay un roce de labios, un beso, que altera el estado anímico y emocional, del cuerpo.

Capaz de trasmitir sentimientos y emociones una mirada, una caricia furtiva y todo cobra un sentido diferente.

Mas allá del placer, el título de este libro EL CIELO EN LA MIRADA, EN LOS LABIOS LA TENTACIÓN es un canto a lo que encierra la mirada, a la sensualidad de una boca, que incita a la locura de una piel, reflejado en muchos de los poemas que contiene este libro, un mundo de pasión condensada.

Poemas enamorados, provocadores, sutiles, para goces de todos, como un caramelo que endulza la vida.

No es un libro de los denominados para adultos porque es un canto al amor en cualquiera de sus manifestaciones, ya que el poder de la palabra es capaz de transmitir grandes sentimientos

Este poemario recoge 100 poemas de amor y pasión, el deseo del sentir hacia el otro, historias llenas de ilusión y que invita a emprender el vuelo hacia su lectura.

A veces es necesario escribir en voz alta, leer en silencio y llorar las letras para que todos puedan leer tus lágrimas.

Existe una palabra que proviene del sánscrito, KAMA MUTA que significa CONMOVERSE, es algo que nos aviva por dentro y nos hace sentir especialmente bien, es una emoción intensa y conmovedora, como la que sentirán ustedes, amigos lectores, leyendo, cual trovadores líricos, con lenguaje actual, entre las páginas de este libro.

El amor es capaz de saltar barreras, y las ha saltado de una manera sencilla y llena de sensibilidad, siempre tan presente en nuestras vidas.

Sus versos libres dedicados al amor y la sensualidad, extraídos directamente del corazón hacen que te inquieten entre sus páginas y que descubras un nuevo significado de la palabra AMOR, fuerza inmensa, invisible y poderosa, que mueve el universo.

ELENA M. DOLS

I

El amor y el deseo,
enturbian la mente,
se adueñan de todos los sentidos,
y esta noche,
mi cama huele a ti.

Un placer infinito,
recorre todos los míos,
en conjunción con un enorme vacío,
que se instala sin quererlo,
y se hace el amo de los sentimientos.

Hacer el amor contigo,
de una y mil maneras posibles,
con pasión que se desborda,
me da aliento,
fundiendo mente,
emociones y deseos.

Quisiera capturar el tiempo,
que sigas haciéndome,
gemir, nunca llorar,
que me abras las piernas,
no heridas en el corazón,
que acortes las distancias,
que avives el fuego,
que habita en mí.

Sigue haciéndome temblar,
humedecer con la mirada,
mientras tus dedos buscan,
en los lugares más ocultos,
de mi cuerpo,
que tus ojos claros,
sean como el mar,
que estremece cualquier playa.

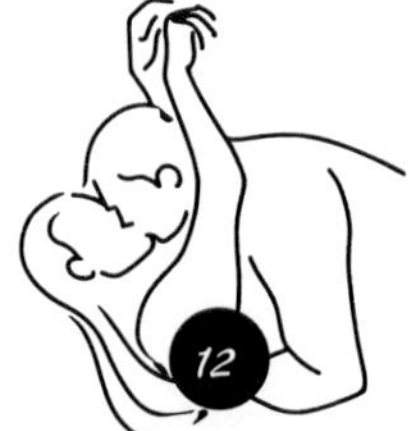

Recorre mi espalda,

muerde mi cuello,

como un lobo hambriento,

sin dejar de tocar,

ni un solo centímetro de mi piel,

hasta sentir,

la erupción del volcán de tus deseos,

que te rompas,

como un río de lava,

arrasando lo más profundo del camino,

mientras me besas,

y así descubrir,

que el placer detiene el tiempo,

te envuelve,

que después la vida,

tiene otro sentido.

No pienses en nada,
embriágate de mí aroma,
siente mi respiración,
que nada arruine el momento,
déjate llevar por lo que sientes,
entrégate a la locura,
que nos envuelve,
siente mi calor,
escucha como late mi corazón,
cómo se curva mi cuerpo,
bajo el peso del dueño de todos los deseos.

Arráncame la ropa
navega por mi cintura,
dibujando con tu lengua,
la forma de cada curva,
métete entre mis piernas,
resbala con premura,
vagabundea por el camino,
que te lleva a la locura,
disfruta, sacia tus anhelos,
mientras tatúas mi cuerpo de besos.

Siénteme gemir,
entre dulzura y locura,
pasión y ternura.

Eres mi más húmedo sueño,
la perversión de todos mis pensamientos,
todo ello envuelto,
en una tormenta de sentimientos.

Los días pasan lentos,
para volver a acariciar tu pelo,
saborear el néctar de tus labios,
morir sobre tu pecho,
cerrar los ojos y capturar el tiempo.

Nada más existe, ni el frío ni el calor,
ni si es verano o es invierno,
solamente el jadeo de dos cuerpos.

Tus labios recorriendo mi piel,
no permiten que el corazón,
desacelere sus latidos,
y que mente y cuerpo,
se conviertan en un verso.

Yo estoy hecha de pasión,
con sentimientos cálidos,
envueltos en armadura de guerrero,
para no sufrir las posibles heridas,
de quererte como te quiero,
y no poder tenerte,
cómo no te tengo.

Con la esperanza,
de volver a respirar tu aliento,
alimentando ilusiones,
cerrando los ojos,
entre gemidos y te quieros,
tocar el cielo con la punta de los dedos.

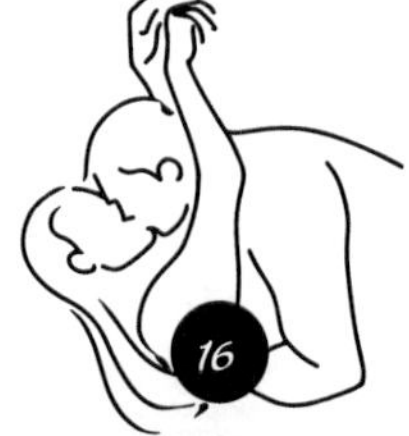

Quiero escribir,

en cada centímetro de ti,

que seas ese cuento,

que no me canso de leer,

y cuando las dudas me asalten,

baila con tu cintura sobre la mía,

empújame con fuerza,

hasta que el éxtasis,

se haga dueño de la mirada.

Hacerme disfrutar es tu juego preferido,

esto siempre será mucho más,

de lo que las palabras pueden expresar.

Quizá un pecado como yo,

se merezca una tentación como tú.

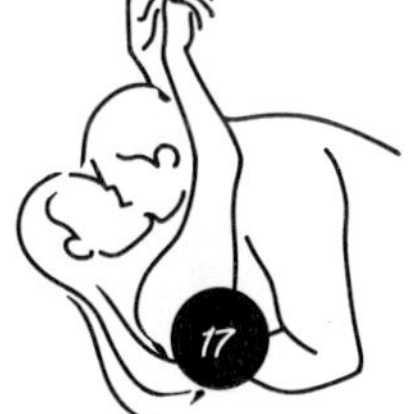

II

¿Quieres juzgarme?

¿Y quién eres tú si no conoces,
el dolor que me invade?
Cuando quieres gritar su nombre
Y tienes que callarte,
diciendo que no amas a nadie.

Si te sientes prisionera,
por no poder siquiera mirarle,
cuando te estalla el pecho,
cuando los besos se te salen,
cuando sus brazos,
sabes que te esperan para refugiarte,
pero ni siquiera los abre.

¿Quién eres para juzgarme?
Si solo tengo penumbras,
para poder amarle.

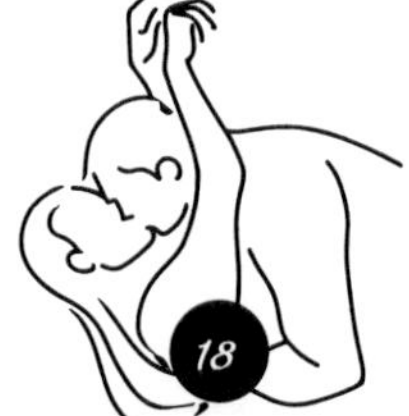

¿Por qué un beso, un abrazo, el amor,
entre él y yo es prohibido,
y en otros puertos un carnaval colorido?

¿Quién lo dictaminó?

¿Ese dios que tanto habla de amor?

¿O la gente de alrededor?

El amor, es solo eso, amor,
que se inquiete el corazón.

A veces tiemblo de frío,
como si me envolviera el invierno.
¿Acaso crees que es fácil, amigo?
¿Sentir en soledad y sin testigos?

Ha puesto sonrisas, libertad,
baile y alegría en mi vida.

¿Es un delito, o tal vez un amor maldito?
¿Quién eres para juzgarme?
Piénsalo si aún alguna emoción,
te invade.

No dejes que tus labios encierren mentiras,
y no juzgues si no sabes lo que es,
que el dolor te atrape.

III

Hice mis versos pensando en ti,
Para que llenen de emoción tu pecho,
y que nunca olvides,
Que siente este corazón deshecho.

Tú que ya conoces el calor de mi piel,
No dejes de acariciarme cuando sientas frio,
Y yo te vestiré de versos,
al son de mis latidos.

No mires el tiempo en el reloj,
Cuando estás conmigo,
Míralo en tu corazón,
y verás cuanto a mi lado has vivido.

Tenemos pasado y presente,
El futuro es inexistente.

Tus abrazos son por dentro y por fuera,
Para alimentar el cuerpo y el alma entera.

En mis labios los cinco sentidos siento,
cuando te beso,
y en ese momento,
Solo deseo detener el tiempo…

Para hacerlo eterno.

Como explicar aquella noche de luna clara,
en que apareciste de la nada.

La música nos acunaba, y al tiempo,
el corazón se exaltaba.
Desde entonces, solo me sustenta tu mirada,
para convertir las estrellas en letras,
mis deseos en poemas,
Para que lentamente, los leas.

IV

Quisiera contemplar,
Cada mañana, o cada tarde, junto a ti,
como el sol abraza el campo,
de almendros florecidos,
Como tiembla la flor,
a la llegada del viento seductor.

Como la tierra da sus frutos,
plantados con entusiasmo,
empeño y mimo.

Como derramas agua,
para que estén vivos,
Como haces con mi corazón,
Cuando me miras con deseo contenido,
Creciendo en vertical,
Insinuante, y al momento,
Me someto, a tus instintos.

Quien fuera el sol, que acaricia tu cara,
las semillas que plantas con ganas,
el aire cuando te envuelve,
tu aliento cuando te cansas.

Me hueles a hierba,
A lucero del alba,

al susurrar de las hojas,
al trino de los pájaros,
y a vuelo de mariposas.

Eres el campo, paciente esperando.

La tierra latiendo,
volviéndose loca,
con tu caminar lento.

Ansiando que la mires,
que entre tus dedos se deslice,
sintiendo tu atención,
poniendo al igual que yo,
los cinco sentidos constantes,
para llenarte de verdes hojas,
de frutas frescas,
que primero florecen,
Y más tarde engrandecen.

Sintiendo, como yo te siento siempre,
aguardando desnuda y perfumada.

Que hagas un alto en el camino,
de tu jornada.

V

Yo escribo,
tú haces los poemas,
cuando me miras en silencio,
y recobramos el aliento.

Mis versos, lamiendo tu boca,
tienen la rima perfecta.

Me gusta flotar lentamente,
en las aguas de tus besos.

Que las olas de tus brazos me acunen,
poder ir quemándome a fuego lento.

Deseo amor y también hacerlo,
compartir tus horas,
O tus días enteros…

Cuando cierro los ojos y no te veo,
es porque solo te siento.

Mi amor no es un capricho,
compártelo o abandónalo en el olvido.

Sé que soy quien roba tus suspiros,
quien arranca tus gemidos,
quien te inquieta y en quien piensas,

cuando te sientes perdido.

Nunca dejes de iluminarme,
desde que anochece hasta el alba.

Porque, aunque no estés, te respiro
y en un destello te tengo conmigo.

VI

Si le encontré a usted,
por nada puedo perderlo,
tatué mis besos en su piel,
en sus ojos el cielo,
en sus manos la música,
en sus caricias el fuego
En mis letras el corazón,
en el alma sus besos,
en el borde de los labios,
todos los deseos.

Las rimas
no siempre acompañan mis versos,
se los hago llegar,
para que no olvide,
Cuanto le anhelo.

Al caer la tarde,
cuando se ennegrece el cielo,
cuando el sol luce.

O cuando sopla el viento,
Y es que hasta pensándole tiemblo.

VII

Me gustas,
porque sonríes cuando me miras,
cuando me hablas sin hablar.

No puedo olvidar,
lo que me haces soñar.

Una brisa de viento en los labios,
un cálido verano,
encendió la llama,
donde apenas quedaban brasas.

Desde entonces,
los besos traspasan los huesos,
llegan al alma y te devoran el cuerpo.

Son con deseo, con inquietudes,
y con muchos sueños.

Te vas y te llevas en la maleta,
miles de sentimientos…

Tal vez te tenga que olvidar,
aunque me has robado,
la calma y el pensar.

Quisiera poner mis versos,

en el lienzo de tu cuerpo,
deleitarme en el recorrido,
caminar por el campo de tu piel,
Con el corazón acelerado.

Detenerlo con las notas de tus latidos.

VIII

En esas noches largas,
De quietud y melancolía.
Mi cuerpo te implora,
como la ola a la playa,
sedienta de humedades intensas,
eso es lo que llena mi vacío,
Con besos llenos de deseo contenido.

Ven y arráncame las ganas,
para sentir libremente,
El temblor en el que estallas,
donde eres solo mío.

Mientras sacio mi sed,
en tu fuente de aguas cristalinas.

Aunque nada de lo que sueño es cierto,
cuando me atrapa la soledad fría,
perderme en tu ombligo,
me conecta con la vida.

Quiero ser tu armadura,
en tus batallas diarias,
que me busques dentro de ti,
entre las letras que nos hacen vivir y morir,
ahí estaré siempre, atada a ti.
Escucha tus latidos,

que se complementas con los míos,
en una sinfonía de gemidos.

Dueño de mis fantasías,
de mis mejores poesías,
déjame que te de calor,
que viva en tu corazón
que te nuble mi pasión.

IX

Lo sabemos tú y yo,
Y el viento.
Mis deseos con los tuyos,
tus ganas con las mías,
con choque de miradas,
con deseos hambrientos,
mientras jugamos entre sábanas.

Se acelera el movimiento,
la humedad, nos baña por completo,
haciendo eco de mares revueltos.

Atrapados en esta prisión,
enredándonos en besos,
culminando en amor,
con infinito deseo.

Me acaricia tu pensar,
sucumbo en tu sentir,
mientras narramos historias,
a través de los sueños.

Yo escribiendo, tú haciendas los poemas,
Los versos lamiendo tu boca,
mi piel con tu huella,
los brazos ansiosos,
los labios sedientos,
Tu sensual sonrisa,
tu arte en la mirada,
tus susurros robándome suspiros.

Quedándote, aunque te vayas,
Y así empieza la tormenta en mi alma.

X

Anduve por caminos y veredas poco firmes,
disfracé de amor y amistad la soledad.

Nunca pude perder el timón de mi barco,
sentirme débil.

Fui como un faro
en la niebla de los demás.

Por ello sufrí,
también gané,
más veces perdí.

Ahora, he visto,
océanos tibios en tus ojos,
mieles dulces en tus labios,
pasión en tu piel,
belleza en tu corazón,
melodía al pronunciar,
mi nombre en tu voz.

Así llegó la calma,
con música en el corazón.

Aunque no camine de tu mano,
tu felicidad a mí me alcanza.

Ya no libro batallas,
sólo me quedan las palabras,
fluyendo del corazón y del alma,
a menudo, envueltas en risas,
otras en lágrimas.

Se esfumaron los cuentos de hadas.

XI

Te alejas,
pero se queda el perfume en mí corazón.

Tengo que anestesiarme
para no sentir dolor,
para no sentir,
el frío de tu ausencia.

Contigo la razón no me alcanza,
entre tantos encuentros y desencuentros,
a veces me relajo,
otras me tenso.

Y así transcurre la vida,
guardando siempre sueños,
olvidando realidades,
viviendo fantasías,
creando terremotos,
acumulando besos,
regalándonos momentos,
suspiros y aliento,
sobre todo, TIEMPO.

XII

Ni su día a día,
ni sus sueños, ni despertares,
ni sus lunas llenas,
ni sus estrellas brillantes.

Ni sus risas, ni melancolías,
ni su bienestar, ni sus males,
ni sus momentos dulces,
ni sus amargos andares.

Ni atardeceres cálidos,
ni lluvias torrenciales.

Momentos breves,
maquillados de grandes.

La realidad me azota,
con un látigo gigante,
y al oído me susurra,
de forma cruel y lacerante.

¡No eres nadie!

Julio 2023

XIII

Al mirarte, aunque sea de lejos,
mi corazón deja de latir,
una sonrisa en los labios,
una lágrima a punto de salir.

Eres la fragancia de mi perfume,
la melodía de mi canción,
la luz de la noche oscura,
los rayos dorados de sol.

Los días pasan lentos y no terminan,
para incrementar mi agonía.

Hazme sentir que soy tu elección cada día,
que mi piel se desgaste,
de besos y caricias,
que transites por mis sueños, sin prisa.

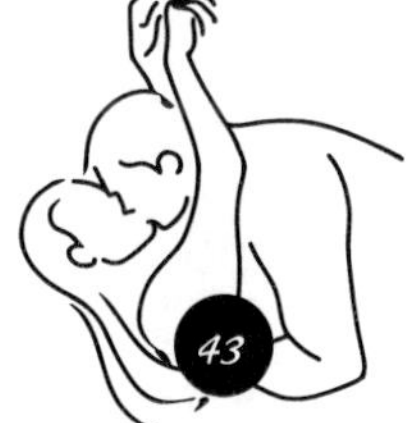

Tenerte así, aunque sea de lejos,
como desconocidos,
que comparten sueños,
engañando al mundo,
deseando comernos a besos.

Muchos sentimientos esconden mis letras,
a veces en prosa y otras en verso.

Mientras tanto, me elevo al cielo,
Mirándote y sin despegar,
Los pies del suelo.

XIV

Cógeme en tus brazos,
No pongas límites ni reglas.

Oye la melodía de mi sentir,
vamos a dejar libre la piel,
que no quede un rincón,
sin producirle placer,
de una manera loca,
atrevida e insólita.

En un galope audaz de gemidos,
para calmar mi sed,
con el perfume de tus instintos,
que me hacen estremecer.

Inúndame del combustible,
que me hace arder.

Eres ese recorrido,
que no quiero dejar de transitar.

Te amo más que cualquier distancia,
que nos quiera separar.

Adoro tu agitado respirar,
cuando me acerco y tu lengua,
en mi boca danza,
y tu cuerpo convulsiona de ganas.

Hazme el amor sin tregua,
como si no existiera mañana.

Azota mis nalgas,
con las manos sujetas a la cama,
dejándome llevar.

Invítame a beber, el dulce néctar de tu ser.

Llenando mi alma de emoción,
mirándonos y riendo sin control,
presos de una adorable perversión.

XV

A tu lado, todo se vuelve perfecto.

Perfecta la piel, perfectos los besos,
invitándome a seguir explorando,
tu aliento, tu respiración.

La pasión avanzando,
tatuándose la piel con los labios.

Versos en las miradas,
deseo y amor en el alma.

Unas horas para quererte bonito,
para reparar el cielo,
que a veces parece herido.

Caricias como pétalos de flor,
eterna primavera en el corazón,
otoño que despierta mis nostalgias.

Me pregunto si me piensas,
tanto como te pienso,
si quieres que tu piel,
desprenda el aroma de mi piel,
si puedo tocar tu alma,
y estremecer tus sentidos,
si puedo ser tu gloria y tu victoria.

Si tu cuerpo sobre el mío lo sientes,
como una bella obra de arte.

No quiero dejar de transitar,
la ruta que va de tus labios a mis versos,
dibujando el sendero,
de mis besos en tu espalda,
manteniendo la primavera,
En las miradas.

XVI

Nunca te pedí compartir la vida,
con todo lo que conlleva.

Si quise compartir una noche de tormenta,
un dorado atardecer,
una luna llena,
no la vida entera,
solo su esencia.

La hierba fresca mirando las estrellas,
una escapada secreta,
regalarte una rosa, en primavera,
en otoño, un ramo de hojas secas,
no la vida entera,
Solo su esencia.

Aspirar el aroma que en mi piel dejas,
que seas la inspiración de mis poemas,
refugiarme en tu pecho,
una tarde de lluvia lenta.

Escuchar tus latidos,
acompañando mi soledad,
no la vida entera,
solo su esencia.

Mirarte con el corazón henchido,
no necesitar más.

Provocar una sonrisa,
grabar un recuerdo,
un café caliente,
que no avance el tiempo,
arrancarte una lágrima,
mientras me miras,
sumergirnos en la niebla,
hacer dibujos con las nubes.

No la vida entera,
Solo su esencia.

Enlazar nuestras manos,
ser para ti un recuerdo constante,
una huella imborrable.

Ser tu ausencia, tu ruidosa soledad.

No la vida entera,
solo su esencia.

XVII

Una corriente de sensaciones,
brotan de mi cuerpo,
navegando en el manantial,
que produce tus labios y tus besos.

Jugando con la lengua tibia,
que recorre entre las piernas,
un frenesí de deseo.

Captura sin miedo,
cada rincón de mi cuerpo,
y te llenaré de poesía,
con mis labios, beso a beso.

Dirijo mis letras al viento,
entre risas viajan mis rimas,
entre versos mis penas y alegrías.

La memoria de mi cuerpo, te añora,
La memoria de mi espíritu te recuerda,
¿Cuál podrá ser la que te llora?

XVIII

Acaso, ¿no te faltaba amar en libertad,
sin reglas y de verdad?
Beber gotas de lluvia,
mientras te abraza el viento,
llevar la dorada luz de otoño en la mirada,
esa media sonrisa cómplice y tal vez enamorada?

Dime, ¿acaso no lo necesitabas?

Llegué como un torbellino, lo sé,
para darte lo que te faltaba,
te abrí las puertas del cielo,
te enseñé a contar estrellas,
entre caricias de terciopelo.

Ahora tengo que decirte,
no dejes que mi alma,
se marchite de tristeza.

A veces soy un pequeño espacio,
otras veces el infinito.

Casi siempre soy amor, pasión,
risas y llantos,
dulzura y mucha locura.

Te digo, cuídame como un tesoro
si crees que valgo la maldita pena,
para no tener que irme,
con la mirada perdida,
el corazón roto, detenido,
por el puñal del olvido.

Siempre seremos,
dos almas tibias,
con gana de más.

Dame honestidad, a cambio,
te daré autenticidad.

No habrá traición,
ni engaño ni desilusión.

XIX

Los besos nos dan, y nos quitan vida,
adictos a la danza de nuestros cuerpos,
para convertirnos en letras,
las letras en versos,
los versos en rimas,
las rimas en poemas.

En cada latido te siento,
en cada parpadeo te miro,
en cada sonrisa, embeleso,
en cada sueño te vivo,
en cada despertar te llevo.

Quisiera parar el tiempo
borrar lo acontecido, vivir en color,
dibujar el futuro contigo.

Entre presencia y ausencia,
eres mi mejor historia,
en la sonrisa se me nota,
en los minutos del tiempo,
que te hacen mágico y perfecto.

A mi palpitar ilusionado,
le basta tu sabor,
a mi piel, tu abrigo cálido.

Desordéname la ropa
dejando el alma y el corazón intacto.
Nunca, mi amor, omitas,
un te amo suave y aterciopelado.

XX

Tal vez me iré,
con el sabor de tu último beso,
en una madrugada triste,
o un gris atardecer.

Con lágrimas hacia dentro,
para que no me veas desfallecer.

Escribiéndote ilusiones,
sueños incumplidos,
desbordando emociones,
resistiendo las decepciones.

Tal vez hoy,
tu corazón se derrame herido,
hasta que llegue el olvido,
será, como si no hubiera existido.

Tal vez me iré,
en un viaje sin destino,
mi tiempo pasó como un suspiro.

Me di de frente contigo,
encendiste la luz del alma,
por los ojos derramaba el brillo,
en los labios, la sonrisa tatuada.

Piénsame cuando observes,
el manto oscuro del cielo,
en tus largas noches,
de insomnio y recuerdos.

Si me voy, toma cuenta,
con mi ausencia,
perpetuaré en tu corazón mi presencia.

Nunca es tarde para el recuerdo,
nunca es tarde para el olvido,
Ni fue tarde para el amor que vivimos.

Ni un solo día dejó de enamorarme,
tu corazón bello y palpitante.

Gracias vida mía,
no solo por cruzarte,
Si no por…

De alguna manera quedarte,
de dejarme plasmar,
mis letras en tu piel,
entre rimas y prosas.

Mi deseo por ti,
me vuelve loca,
aunque tú, no te lo propongas.

XXI

Los años pasan
mi amor crece como el viento.

Me gusta guardar tu sabor en mis labios,
reírme en tu sonrisa,
acurrucarme en tu pecho,
saltar la barrera de la cordura,
para entregarme a la locura.

No creo que exista un momento,
en que no queramos acercarnos,
y devorarnos hambrientos a besos,
quedarnos atrapados toda la eternidad.

Que hagas de nuestro encuentro,
el más perfecto momento,
encendiendo el alma,
erizando la piel.

Búscame en las letras,
empapa tu corazón de mis ganas,
que nunca deje de buscarme tu mirada.

Déjame ser tu alegría en los momentos tristes,
permite que el viento te susurre al oído,
que eres mi mejor historia,
suéñame, con esperanza e ilusión.

Mientras yo transite por la vida
nunca te faltará el amor.

Noviembre 2023
Caminando por el sutil borde que separa la vida de la muerte,
nunca dejé de tenerte presenre.

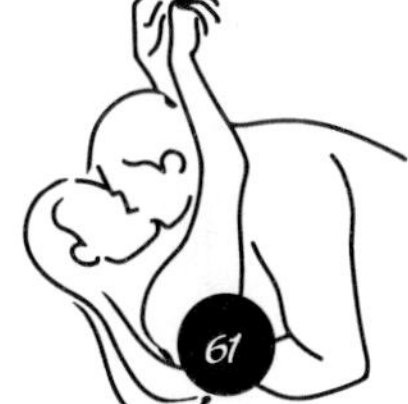

XXII

Tú, mi primer pensamiento del día,
mi último suspiro de la noche,
háblame con tu sonrisa,
háblame con tu mirada.

Quisiera escribir poesía,
Con la tinta de mis dedos,
En el blanco papel de tu piel.

Mostrarte el otro lado de la luna,
sobre un arco iris de besos.

Después de caminar,
por el lado oscuro de la vida,
agradezco el aroma de las flores,
con mi alma encendida,
eternamente agradecida,
de contemplar, el azul del cielo,
en la calidez de tus ojos bellos.

Con ansias de acariciarte,
Teniendo, tan solo poder pensarte,
con la locura que me produce,
poder soñarte,
ser parte de tu sonrisa,
deslizarme junto a ti,
en el universo de mi cama,
envueltos en luz cálida.

Me haces falta
como el agua a la flor,
en días de versos y poesías,
de risas y alegrías.

Escucha con atención,
los latidos de mi mecánico corazón,
Y siéntete libre escuchando la vida,
Con una sonrisa nueva,
Con un nuevo gozo,
de roces impulsivos,
con un mimo exacto,
entre dulce y afrodisiaco.

XXIII

Nunca se despedirme correctamente de ti,
las despedidas, están disfrazadas de tristeza.

Nunca puedo alejarme de todo lo que significas,
nunca puedo olvidarme de tus labios,
al decirme adiós.

Será que te quiero de una manera,
incesante y poderosa.

Quiero contemplarte, respirarte,
perderme en tus ojos,
tu mirada, tu conversación

Con distancia y bañados de ilusión,
sin tenerte cerca, se respira conexión.

Llegamos puntuales a nuestras vidas,
en el momento preciso.

Eres el motivo de la melodía,
de una bella canción.

Te necesito siempre,
más de lo que digo,
más de lo que escribo,
en todas mis poesías.

Te quiero libre como el viento,
sin dirección,
como las flores del campo,
libre.

Desconocidos con miradas cómplices,
A solas, los amantes más atrevidos.

XXIV

Seria mágico,
caminar bajo la luz de la luna,
cogidos de la mano,
susurrar cerca de tu oído,
quédate conmigo,
ahuyentaremos los miedos,
que nunca han existido.

Te siento lejos,
como la primavera del invierno,
como todas las estrellas del cielo.

Aun así, se me estremece la vida,
cuando te pienso,
te respiro en el viento,
con la fantasía de poder amarte,
la locura de soñarte.

Esto es solo nuestro,
bonito y secreto

Tatuando por dentro,
las fantasías de amor y deseo.

Una historia sutil,
embriagada de placer.

Me gusta cuando me descubres,
entre las letras de mis versos,
en la luz de la luna,
en las notas de una melodía.

No estás conmigo,
yo no puedo estar sin ti,
tendremos que arreglar esto,
que no nos pueda herir.

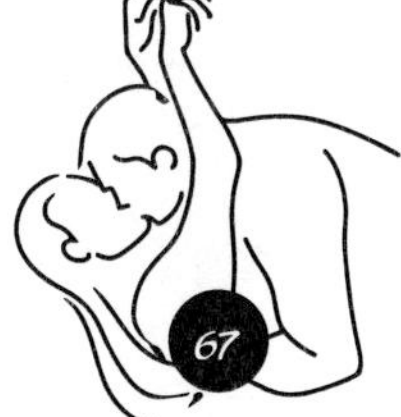

XXV

Esta noche sin esperarlo,
te hiciste presente sin anunciarlo,
Y mi corazón, lleno de pasión, pensó:
¿Por qué llegaría tarde, a la esencia de tu amor?
si soy quien arranca los latidos de tu corazón.

¿O quizá llegué a tiempo?
porque tu corazón y el mío,
comprenden que no existe el amor tardío.

A veces el amor es valiente,
otras, cobarde,
pero siempre a tiempo y nunca tarde.

Hay amores que perduran eternamente,
que siguen vivos en nuestra vida,
amores que se esconden en el pensamiento,
que son realmente perfectos.

Mientras nos leamos con la mirada,
nos abracemos con las palabras,
a pesar de la distancia.

Perdone usted por ser tan atrevida,
por derramar tanta tinta en mis poesías.

Quiero hacer versos en la cama,
rimas en nuestros cuerpos irracionales,
caricias rozando la piel,
con alientos infinitos.

Apaga si puedes cada una de mis llamas,
con suspiros repetidos,
dame esperanza,
hasta un amanecer indefinido,
al compás de nuestros ojos, los brillos.

XXVI

Amante caballero,
valorado por la sociedad,
y por mi corazón inquieto.

Envuelto en siluetas de humo,
apagando llamas,
encendiendo fuegos.

Vistiendo traje de guerrero,
dando el alma,
exponiendo el cuerpo.

Salvando vidas,
muriendo de deseo.

Sirenas que suenan,
salir corriendo.

Mis brazos te esperan,
para realizar un sueño.

Cumple tu misión,
como héroe del silencio,
paciente te espero,
para repetirte cada tarde,
un te quiero, cada noche,
por ti muero.

Sin dormir, pero con sueño,
¿son mis ojos los que te producen desvelo?

Dulce, comprometido, creativo,
valiente, atrevido y galante,
imposible de ti, no enamorarse.

Hombre y luchador desde dentro hacia afuera,
desde afuera hacia dentro.

Liderando tu profesión,
como mi alma y mi corazón.

XXVII

Sobre mi cintura,
al ritmo que nos gusta,
el pulso temblando,
la respiración agitándonos,
mientras, empujas tu cuerpo, hacia el mío.

Mis caderas se alborotan,
las brasas de tu pecho,
quemando el mío,
en un mundo de sueños y fantasías,
de calmas y tormentas,
donde tu lengua espera excitada,
beber el líquido mágico que provocas.

En las sienes, la sangre se agolpa,
respiro fatigosamente
Si no percibo tu aroma.

Y la necesidad de tenerte, que me sacies,
que navegues en la tormenta,
entre aguas revueltas,
que naufragues entre mis piernas…

Antes de que el alba asome a mi ventana
y me diga, mujer, despierta.

XXVIII

Cuando te escribo, mi mente está contigo,
siento tu existencia, en cada una de mis letras,
te haces presente, te paseas por mi mente,
dejando al descubierto,
mis soledades, mis sueños,
cada uno de mis anhelos.

He querido soñar una vida contigo,
tenerte en mis días, en mis noches,
tú y yo, mirando todas las estrellas dl cielo.

Hemos echado a perder el tiempo,
sin llenar nuestro corazón hambriento,
de contacto y de besos.

Armonizando con la fantasía de poder pensarnos,
con la locura de soñarnos,
inventando un ignoto paraíso,
dejar de sentir,
la ausencia indiscreta.

Que pienses como la punta de mi lengua,
siembra en el hoyito de tu ombligo,
el árbol de la vida,
mientras la serpiente de tu cuerpo.
Inventa un nuevo paraíso.

XXIX

Nuestras miradas profundas,
acompañadas de palabras cómplices,
de sonrisas coquetas,
no disimulan el amor.

Porque el amor se presenta,
de muchas formas, siempre lleno de misterio,
unido a esa absurda costumbre de separarnos.

Ahora el viento me susurra tu nombre,
el insomnio se apodera de mis noches,
la distancia hace eternos mis días.

Somos grandes momentos,
Llenos de pasión y deseos,
en la oscuridad de esa habitación.

Escondidos, como si nos avergonzara el amor,
aunque veas el amanecer n mi mirada,
dejando que las horas dejen de existir en el tiempo,
mientras mis labios descansan en tu boca.

XXX

Por sos momentos indelebles que pasamos,
las confidencias, las risas,
las caricias, los besos,
despertando mi piel cuando te acercas.

Por enriquecerme,
por mantener el corazón en forma,
dándole un descanso al cerebro,
con esos mensajes a deshoras,
por dibujar en mi cara una sonrisa,
por ser como una mano,
que me sostiene en el aire,
por tenerme presente a cada instante,
por cuidarme,
por hacerme olvidar,
el mundo entero,
cuando estás a mi lado.

Por escucharme,
por dedicar unos minutos en leer,
lo que sale de mis pensamientos.

A veces pienso,
que no soy capaz de trasmitir,
realmente lo que quiero,
reducir un sentimiento,
a unas cuantas líneas,
parece insignificante.

Espero que el brillo de mis ojos,
cuando pueda verte de nuevo,
te cuente lo que no es posible,
derramar en un papel.

La vida, da giros inesperados,
gracias por convertirte,
en el eje de mis sonrisas,
en mi refugio favorito.

Has ido reservando un espacio en mí,
como un hilo conductor de sentimientos,
que se va haciendo a fuego lento.

Momentos que no entienden de reglas,
hechas para no tener en cuenta,
por encima de todo,
que no son justas.

Una decisión tomada,
con la mente obnubilada
no es una cadena perpetua.

Llegaste de una manera repentina,
sin buscarte, sucediendo.

Los sentimientos no entienden de normas,
enlazar tu mirada con la mía,
esas que hablan por sí solas,
que son como un abrazo,
esas son para escribir en la historia,
que solo las mentes más abiertas,
podrán entender.

Muchas veces,
la imaginación nos ofrece,
escenarios que todavía no existen,
que nos ayudan a seguir adelante,
a transitar entre lo imposible y la ilusión,
a levantarte cada día,
recargado de fuerza,
dejando a un lado las hostilidades,
momentos diferentes.

En mi próxima vida intentaré
encontrarte un poco antes,
aunque todo lo bueno,
siempre llega en el momento justo,
para ser inolvidable.

Me deleito,
en el plata de tu pelo,
con un toque de estrellas,
la suavidad de tus manos,
de tus brazos, la fortaleza,
la ilusión de navegar,
hacia un destino,
justo por debajo de tu ombligo,
hasta estremecerse,
hasta erizar la piel.

Dicen que el amor es como la tos,
si se siente, no se puede ocultar,
tampoco, si no se siente.

Todas estas sensaciones, intensas,
donde la motivación llega al máximo,
donde cada momento,
se vive a flor de piel,
donde la vida,
deja de ser corriente,
para transformarse en mágica,
a mí, me tiene felizmente trastornada.

Cuando pienso en ti,
mi mente divaga,
la vida tiene una extraña magia,
cuando te siento cerca,
mezclado en mi aura.

Sé fuerte,
navega entre las aguas turbulentas,
no tengas miedo a nada,
Confía.

solo tú. eres el dueño,
de tu corazón y el mío.

Que nada te cambie,
pídele deseos a la luna,
y por favor, nunca dejes de ser magia.

XXXI

Las palabras sobran,
cuando los ojos te lo dicen todo.
VEN.
Encadena mi pelo a tus manos,
corrompe mis sentidos,
arquea mi espalda,
azota mis nalgas,
muévete con furia,
con pasión y con lujuria.

Ofréceme tu aroma,
como la fragancia más sutil.

El cielo en la mirada, tu risa loca.

Mirarte y no verte, es un castigo,
no oír tus suspiros,
el deseo incontrolable de sentirte en mí,
vibrando con tus besos, tus caricias y tu voz.

Ahora pon hielo en tu cálida boca,
deja que se funda con el fuego de la piel,
mientras mis piernas se enlazan, sin voluntad,
mordiéndome los labios,
mientras tu boca, busca entre mis muslos,
Y tú lengua llega hasta la gruta mágica,
Saboreando el dulce aroma,
que derrama el desenfreno y la locura.

En mi latir siento suspiros enamorados,
como si visitaras el paraíso de mi mano,
en un sinfín de jadeos,
que sacuden hasta la verde hierba del campo.

Ahora mantén tu savia,
en todos los pliegues de mi piel,
permíteme mirarte,
para poder cada noche soñarte.

XXXII

Empecé a dejar de creer en algunas cosas,
al llegar tú a mi vida,
empezaron a curar mis heridas,
trayendo de vuelta muchos sueños perdidos.

Empezaste a acariciar mi corazón y mi alma,
juntos dimos los pasos,
para que surgiera la magia.

El amor tiene colores, que vi en tus ojos,
en cada matiz me perdí.

Siento como me estremezco con cada letra,
solo tú pones en mi pluma,
el fluido de mi corazón,
el cauce de mi alma.

Sin quererlo causaste una explosión,
Para poder escribir,
cientos de poemas de amor.

XXXIII

Quisiera que me cuidaras,
que supieras que sin mí, nada sería igual,
Que me apoyaras, que rieras conmigo unas veces,
y otras vibraras.

Que me llenes de besos, que acaricies mi pelo,
que te pierdas en mi sonrisa,
que te sientas morir por ello.

Dime que cuando me conociste,
te cambió la maldita vida,
que fue como encontrar,
la luz del sol en el alba.

Que le di el soplo a tu vida,
Que tanto necesitabas.

Que me sueñas como te sueño,
si notas mi ausencia, mis ganas contenidas,
atrévete y dime lo que sientes, no escondas nada,
dime cada mañana cuanto me amas.

Tu eres para mí, la complicidad de mis gestos,
el silencio de todos mis versos.

Si no existieras, te inventaría,

Para seguir siendo,
clandestinos, tal vez prohibidos,
Escondiendo el corazón y el pensamiento.

El amor, no solo lo sentimos, lo vivimos.

XXXIV

Habitas en mi piel,
como el perfume en la flor.

Eres como una brisa que acaricia,
como un suave murmullo de voz.

Aun así, yo me siento libre,
como los versos de un poeta,
como cuando danza el viento,
Como la carrera de un río hacia la playa.

No puedo bajarte la luna,
pero si regalarte,
cada una de mis sonrisas,
mostrarte un manto de estrellas,
mientras acercas tu aliento a mi aliento,
cuando tus dedos me hacen florecer,
viviendo primavera,
aunque sea invierno.

Seguir soñando,
Que mis libros no se adormezcan,
Que mi mundo siga siendo grande,
olvidarme contigo,
del ronroneo de un reloj,
que suena en el salón.

XXXV

La pasión arrebatadora que me inspiras,
me produce un placer infinito.

Naufraga entre mis piernas,
sin pedir clemencia.

Dame tu ritmo, sostén la mirada,
haz que pierda el sentido.

Aunque sea sin hablarnos,
solo jadeando, nos sentimos.

Calma mi sed, mis deseos,
los delirios que siento de placer.

Zambúllete en mi mar,
déjame beber, cada gota tibia,
del caudal del rio tormentoso,
que te lleva a enloquecer,
a mí a desfallecer.

Mi corazón te anhela.
mi cuerpo te reclama con ansias.

Tu boca, en el lugar perfecto,
Para poder escribir todos mis versos.
Quiero ver el arco iris,
en cada parpadeo,
sintiendo tu tibio aliento,
tener tu calor, en oleadas de viento.

Tal vez esté más loca que cuerda,
por solo pensar en recorrer…
Tu espalda con mi lengua.

XXXVI

Fue lentamente, con los sentidos alerta,
con precaución, poco a poco,
el miedo se fue diluyendo,
las ganas fueron creciendo.

Lo mejor de encontrarte,
no fue coincidir, si no permanecer,
en cada uno de tus sueños.

Mientras yo tenga la magia,
dentro de mi corazón,
no habrá verso, no habrá prosa,
ni tinta en mi pluma,
que descienda, como llovizna,
ni que detenga las poesías,
con sobredosis de alegría.

Escritora de un poema de mil letras, que no acaban,
más que surcando las fronteras de tu espalda.

XXXVII

Mis versos brotan,
a veces de madrugada,
añorando tus caricias,
que parecen abandonadas.

Y me llega la calma,
aunque susurros se me escapan,
a veces laten,
yotras se esfuman en el alba,
caminando lentamente,
por la noche estrellada.

Mis sábanas añoran tu piel,
las letras evocan mi sentir,
por mirarte, por perderme en tus ojos,
y casi querer morir.

Eres como poesía en movimiento,
la principal razón,
que tiene mi corazón soñador,
de mi enamoramiento.

La mejor definición,
del amor que siento por vos.

Aguardaré en cualquier rincón de la luna,
mientras me alumbra,
el último rayo de sol,
donde el pudor no existe.

Donde lo imposible, es posible.

XXXVIII

Huyendo del tiempo, para convertir,
cada segundo en una eternidad,
cuando nos vemos.

Tú y yo, somos amantes eternos,
una bonita aventura,
que nos dura ya mucho tiempo.

Tiempo de amor, música y poesía.

Hay que ser arriesgado,
para plasmar en un verso,
cómo se consumen nuestros cuerpos,
mientras nuestras almas,
vuelan juntas por el viento,
mirándonos y a la par ardemos,
con un calor arrollador,
donde deseas morder hasta el viento,
con la lengua salvaje,
con un baile de caderas intenso.

Instante que nos alegra la vida,
la sonrisa en la mirada,
una poesía escrita en el viento.

Es tan fuerte nuestra presencia,
que como borrar las huellas,
Que anidan en nuestra piel,
como las flores que asoman en primavera.

XXXIX

Aunque no te tenga,
aunque no te toque,
aunque no te bese,
aunque no te acaricie.

TE SIENTO.

Como el viento que acaricia mi pelo.

SIENTEME TU.

En cada verso,
en cada prosa,
en cada sueño,
en cada rima,
en cada deseo.

VEN Y

Quémame por dentro,
en el fuego de tu infierno.

TE ESPERO

XL

Entre nosotros,
ni mentiras ni traiciones,
eres tan perverso,
como tierno en ocasiones,
tan apasionado como caballero,
que brinda más cariño que cuestiones,
con ese tacto finísimo y ardiente,
que dejas en mi boca,
cuando me besas.

No sé si soy más adicta a ti o al café.

Te quiero por lo que me haces sentir,
por hacerme reír, porque contigo,
no necesito fingir,
con ningún otro amor de quita y pon.

Quisiera ser el eco de tus sueños,
me inquietas más,
que si fuera solo los deseo.

Son tantas las veces,
que nos hemos amado,
que me turba solo imaginarlo,
viendo tus ojos entre cerrados,
me dicen que me aman tanto,
como yo te amo.

XLI

Mi corazón desbocado,
cuando mis ojos se encienden al mirarte,
cuando tu andar por mi cuerpo es libre,
cuando no tienes que pedir permiso,
para bañar tus cálidos labios,
en el mar enfurecido que impregnan tus venas,
al son del galope de tu lengua.

Recórreme sin límites ni ocurrencias,
no tengas piedad,
que cuando llegue mi turno,
Sabrás lo que, en otros brazos,
nunca pudiste ni soñar.

Tocarás el cielo,
desde el fuego de mi infierno,
con este palpitar dentro de mí,
capaz de mover montañas.

Mi manantial burbujea,
demandando tu boca,
mi respiración,
es como aleteo de mariposas.

Tu nombre debajo de mi lengua,
espera, que sonrojes a la lujuria.
Olvídate del tiempo,
penetra el espacio que nos separa,
hasta que mis letras muerdan tu boca,
se deslicen por tu piel,
me vuelvas loca,
conozcas bien lo que provocas.

XLII

Me haces falta,
las noches se vuelven largas,
los días eternos,
tristes las madrugadas.

Mi piel siente y palpita,
tu ausencia me mata.

Te confieso mis sueños,
mis más profundos secretos,
quisiera tenerte,
hasta que nos desgastemos.

Navegar entre los mares,
encrespados de tu piel,
mi alma pintada,
con el tono de tu ser.

Siento tus labios,
aunque no roces los míos,
entiendo tus palabras,
en los silencios,
respiro tu aliento,
aún sin besos.

Llegué tarde,
a nuestra cita de amor,
ahora casi siempre,
la conciencia te acusa,
se aprecia desmesurada,
cuando las miradas empiezan
se acaban las palabras,
comienza el amor profundo,
que nos invade sin disimulos.

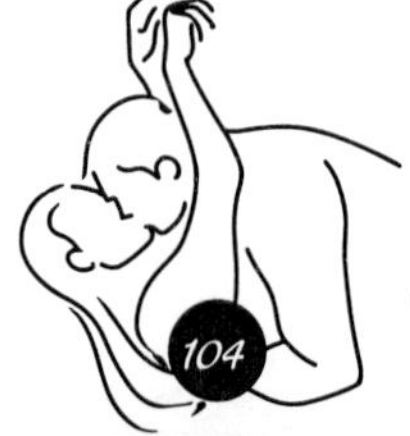

XLIII

Gracias a la vida,
por permitir pasearme por sus orillas,
por sus caminos abruptos,
por la belleza de sus flores,
por sus claros amaneceres,
por sus dorados atardeceres,
por sus noches estrelladas,
alrededor de su luna plata.

Por el olor del campo,
por el arco iris después de la tormenta,
por las calles que nunca fuimos juntos,
pero los dos quisimos.

Por ver en tus ojos,
un pedazo d cielo,
calor en tus brazos,
cascadas en tus besos.

Gracias a ti por despertarme,
por avivar el deseo,
por apaciguar mis males,
por cada noche tranquilizar mis sueños.

Soy tu descanso y también tu tormenta.
Quiero que cuando leas mis poemas,
mis rimas y todas mis letras,
lo sientas.

Eres el puerto firme,
de todos mis miedos,
La inspiración de mi pluma,
El delirio de llevarte siempre,
en mi pensamiento,
mientras habito,
en un rincón olvidado de tus sueños.

XLIV

Como lluvia fresca de primavera,
que moja mi cara,
Tu amor me acompaña.

Ahora sé que me quieres,
que tal vez por mi mueres,
lo revela tu mirada,
tus palabras tímidas,
tus manos mágicas.

El regocijo me invade.
me invita a seguir transitando,
por los caminos abruptos de la vida.

Tú eres lo que anhelo,
lo que quiero,
lo que profundamente deseo,
lo que me vuelve fuerte,
quien se mete en mis sueños.

Regalándome caricias,
pausando mi respiración,
bombeando los latidos,
contorsionando el cuerpo,
Para rendirme a tus deseos,
que caminan con los míos,
en el mismo espacio,
en el mismo tiempo.

XLV

Y aquí estoy,
queriéndote a montones.

Esperando que quieras la luna,
para entregártela con premura.

Siento como si un ángel,
me hubiera tocado,
cuando tus labios beben de mí.

Eres como esa tenue brisa,
que desvía mis deseos impuros,
sin renunciar a nada,
a ninguno de tus besos,
ni a tus tímidos te quieros.

Siento como un revoltijo en el alma,
Inquietud, llanto, insomnio y sobresalto,
Y aunque suene irracional,
siento plenitud a tu lado.

A veces percibo como el viento,
deja de soplar, cuando te vas.

Me convence.
Que los encuentros y desencuentros,
no son casualidad,
que el destino juega al azar,
como los capítulos de un mismo libro,
sin principio ni final.

Quisiera viajar contigo a algún lugar,
donde no fueran necesarios,
los motivos para quedarse,
solo amarnos sin más,
que resulte tan fascinante,
como una maravillosa obra de arte.

Ser agradecidos con la vida,
que si nos ha puesto en el camino,
¡por algo habrá sido ¡

Eres el estandarte de victoria,
el arcoíris colorido,
que invita a soñar,
que dibuja en mi cara una sonrisa,
que se llama FELICIDAD.

XLVI

Sabes qué es lo que siento,
cuando la seducción,
se convierte en perversa lujuria,
mezclada con cálida ternura.

La pasión me arranca lágrimas,
cada centímetro de piel se eriza,
los sentimientos estallan.

Cuando estás lejos, tiemblo,
me asusto y te escribo versos.

Eres quien abre mis puertas,
también quien las cierra.

Quiero dejar entre líneas.
mis perversas sensaciones,
posar mi húmeda lengua,
en tu armadura erecta,
que atravieses el valle de mi vientre,
que convulsiones en la cordillera
de mis caderas.

Con amor, se lubrica mejor.

Tu aroma, tu sabor y tus dedos,
me hacen cambiar de estación,
volver al verano, si es invierno.

Tus besos intensos,
llenos de fuego,
son la chispa que encienden el deseo,
donde encontramos la valentía,
de entregarnos por completo,
sin dudas, sin lamentos.

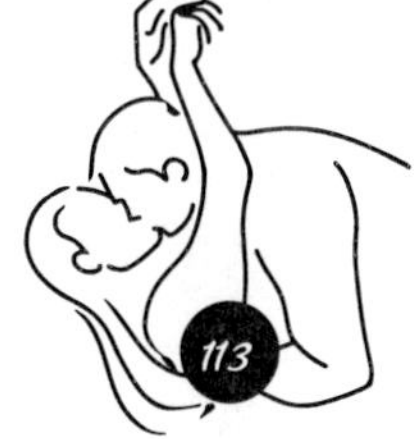

XLVII

Llegaste para quedarte,
para llenar tu mundo de mis versos,
para ser quien me acompañe en el camino,
para ser mi cómplice, mi amante, mi destino.

Aprendí la paciencia, la tolerancia,
las risas, también el llanto y la alegría.

Los sueños y la realidad,
en la misma línea.

El amor crece y se expande,
sin pedirle permiso a nadie.

No llegaste a cubrir vacantes,
sino a abrir caminos,
con un único destino,
amarnos sin crear compromisos.

Yo sí llegué en un barco retrasado,
pero nunca a puerto equivocado.

No puedo evitar momentos turbios y quebrantados,
creando tormentas, si te imagino alejado,
rogándole a las estrellas que alivien mi llanto.

Eres mi amor, el suspiro por el que late mi corazón,
cuando me miras y tu sonrisa me da la bienvenida.
Lo siento cada vez que me abrazas,
que me acaricias con la mirada.

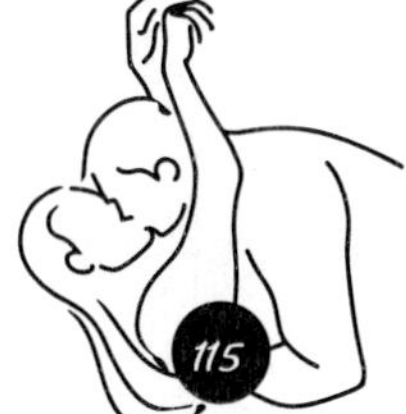

XLVIII

Un nuevo comienzo,
cada momento compartido.

Tu mirar una delicia,
que a veces me tortura.

Protagonista de mis deseos,
recorriendo el camino,
plagado de sensaciones,
despertando el corazón,
cuando cierras los ojos,
no deseas que pase el tiempo.

Déjame besarte,
arrancarte de la rutina que te invade.

Yo llegué desde el corazón y el alma,
para hacerte soñar,
enseñarte la puesta de sol de mil atardeceres,
convertirte en mi eterna morada.

En cada amanecer una poesía, un te quiero,
un café caliente.

Eres mi mejor momento,
el mejor de todos mis versos.
No necesitas trucos
porque ya tienes magia.

Has venido a inquietar mis ideas,
a poner en desorden mis emociones.

No quiero escapar de ti,
ni siquiera lo intento.

Deseo que sigas errante y perdido,
cuando te beso,
que te aparten de la realidad, mis besos,
la calidez y el perfume de cada te quiero.

XLIX

Amor es solo una palabra más,
tú llegaste a darle sentido,
nos volvimos emocionalmente tan grandes,
que esa palabra nos inundó a raudales.

Tantas veces imaginaba,
que mientras yo dormía, tú me besabas,
sintiendo que el tiempo se detenía,
las hojas del calendario no pasaban.

Latimos en el mismo pecho,
tenemos los mismos pensamientos,
somos un ahora y no un recuerdo.

Las caricias no dejan de brotar,
de nuestras manos,
ni los besos de nuestros labios.

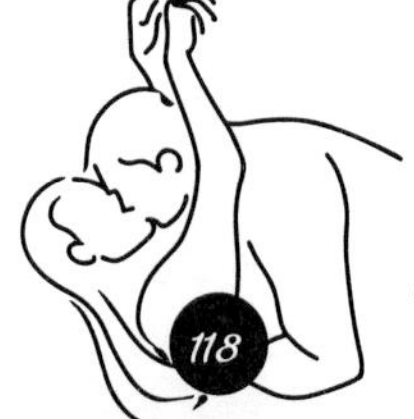

Intenta anochecer en mis ojos,
no tengas prisa en desnudarme,
deja que mi alma bese primero tu cara,
que el viento de un paseo por mi piel.

Se que me llevas en la sonrisa,
yo en el corazón.

Este amor requiere coraje,
lucha y aprendizaje.

Razón por la que se ha hecho grande.

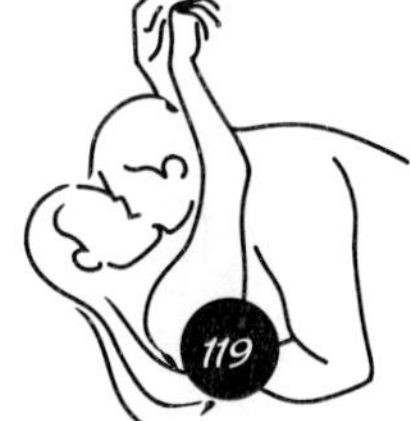

L

Dime, tú que estás siempre presente,
¿que no le diste?
Salió raudo por la ventana,
llegó volando entre las nubes,
aterrizó en mi corazón,
es donde vivió el amor.

Tuve detalles, palabras bonitas,
versos prosas, cantos y poesías,
sobre todo, amor y fantasías.

Me entregué a él,
se fusionaron los cuerpos,
la pasión y el deseo se aliaron,
hasta llegar a necesitarnos.

¿Qué quieres reclamar?

El amor, solo una palabra,
llegó para darle sentido,
para estar juntos en el paraíso.

Aunque duerma contigo,
para mi ya es un gran castigo,
su corazón late en mi pecho,
no se lo robé,
le hice entender que lo tenía,
que con deseo latía.

Yo soy una extraña,
que no vive sin su compañía.

Para él soy el fuego.
que aviva su llama,
en quien piensa,
cuando se acuesta y se levanta,
la aventura y la magia.

No te tengo envidia,
Cuando tiene tiempo, me lo regala,
cuando no lo tiene, lo inventa,
entre besos, me lo entrega.

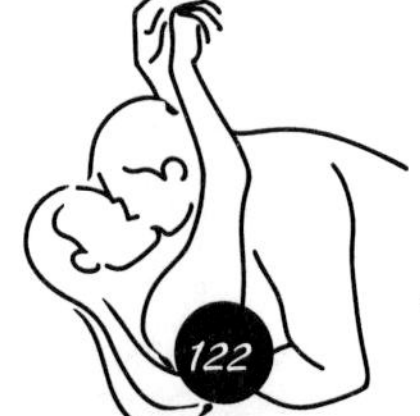

LI

Me imagino,
navegando por tu aliento,
acariciando tu nuca,
mientras muerdo tu cuello.
Te someto,
Para que seas mi alimento.

Ven, te esperaré,
sin límites de horarios,
sin dar la vuelta al calendario,
derritiéndote en el calor de mi voz,
ansiosa de beber, del cauce suave de tu ser,
palpando las palabras por tu boca pronunciadas.

Enciéndeme y cólmame de dulzura,
como si estuvieras en el desierto de los sueños.
y mi dulce manantial se te ofreciera.
Ven, bebe hasta temblar,
ten la osadía, de entrar en el paraíso,
Y no salir jamás.

Consumirnos entre paz y desespero,
que la piel solo busque estremecer los cuerpos.

Después cuando llegue la calma, de la locura,
abrázame, mírame a los ojos,
besa mis labios,
mientras en un susurro,
juntos nos amamos.

LII

Locura de encuentro,
amargura de separación,
entre separación y encuentro,
invasión de sentimientos.

Cuerpos frente a frente,
como raíces en la tierra,
floreciendo, sonriendo.

Arraigados corazones,
mirándonos con desespero.

Yo alzando el cuello,
para que aproximes tus labios,
y me inocules de veneno.

Tú, atormentando mi cintura,
como si cabalgaras,
a lomos de tu montura,
sin soltarnos nunca,
hasta que falte el aliento y la cordura.

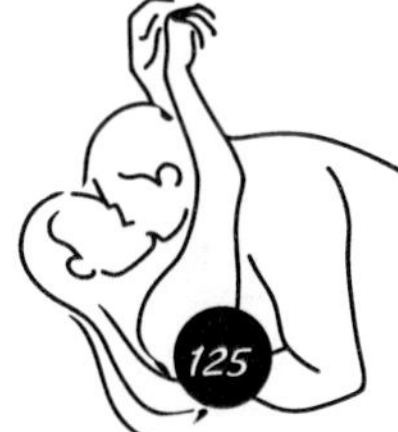

La saliva de mi boca,

llueve sobre el árbol erecto,

suplicándole al cielo,

poder resguardarse dentro de la gruta,

ávida de deseo.

Ahogando los gemidos,

como si fuera un placer prohibido.

Dejar de pensarte, sería dejar de escribir,

dejar que las letras hablen de ti.

Nuestro amor es como hiedra,

que se enreda y envenena,

para ser el puerto de tu boca,

pidiendo que amarres tus besos, con cadenas

a mis labios perversos,

insaciables de besos,

y cálidos te quieros.

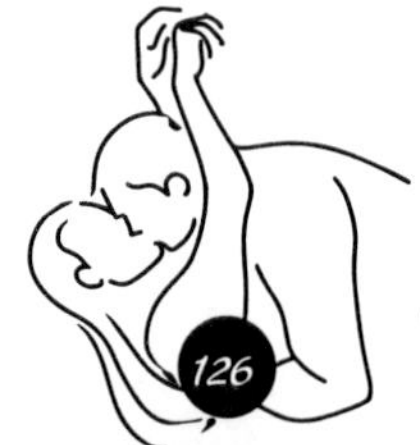

LIII

Veo primaveras en tu sonrisa,
otoños en tu mirada,
la luna en tu pelo,
inquietándose mi alma.

Las horas caminan lento,
necesito creer,
que de alguna forma te tengo.

Mis deseos recorren,
cada línea de mi mejor poesía,
te apoderas de mi pluma,
el perfume de tu cuerpo, derrama tinta.

Aunque te digo,
planta que no se riega se seca.

Quiero alejarme,
desdibujar tus dudas,
casi siempre, quedarme,
cuando me doy cuenta,
que mis latidos suenan a ti,
decido dedicarte,
cada uno de mis poemas,
deseando que la vida sea larga,
para disfrutarte.

Pensar que soy viento,
para, a cada hora tocarte,
pasear mi pensamiento,
por ese lugar que escondes,
al borde del camino,
que, sin ser, soy, tu delirio.

LIV

Tristes y negras,
son las noches por tu ausencia,
el recuerdo de los días le dan fuerza,
a mis horas solitarias,
sin dejar de sentir tus manos expertas,
tus dedos atrevidos,
haciendo remolinos,
por debajo de mi encaje humedecido.

Acariciando mi piel,
llegas a lo más profundo de mi ser.

Nos vemos en la sombra de la luna,
que incita a sumergirnos,
en las sagradas mieles,
por debajo de la cintura,
para elevarnos a la gloria,
entre ángeles cantores,
que antes fueron, mujeres y hombres.

Dame el veneno que me falta,
de rodillas atrevidas,
de labios húmedos,
manos impúdicas, en torno a ti,
estando las tuyas sobre las mías.

LV

Fuimos impuntuales,
a nuestra cita con la vida,
y de esta manera nos castigó.
TENDREIS QUE AMAROS A ESCONDIDAS.

Prometo llegar pronto en otra vida,
que seas mi amor,
con la luz del día,
sin tener que sujetar,
las riendas de mi corazón.

Ahora toca llorar,
las lágrimas que no se lloran,
que son las más amargas de todas,
por no haber llegado a tiempo aquella tarde.

Mi error está encogiendo
y también engrandeciendo mi corazón.

Aunque me quede sin anochecer en tus ojos,
sin pernoctar en tu piel,
sin tu sonrisa al amanecer.

Se cuantos suspiros te he provocado,
te asustarías de las veces,
que soñando te he desnudado,
en las noches tormentosas.
De imaginarte fuera de mis brazos,
por estar en otras manos.

Vida, me equivoqué,
pero no puedo con tanto.

Solo puedo volar subiéndome a su sonrisa,
mi corazón no rima con la realidad,
pero quiero vivir en esta mentira,
por llegar tarde aquella tarde,
a nuestra cita.

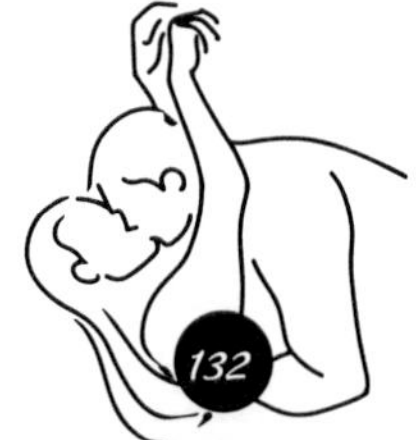

LVI

Quise buscar una explicación
al por qué amarte,
supe que cada día,
con un simple gesto,
pintabas mi sonrisa,
me dabas confianza,
cuando las dudas me asaltaban.

Grandes momentos,
pequeños detalles,
llamadas, sonrisas, mensajes.

Arco iris en las tormentas,
caricias en el aire,
los te quiero en las miradas,
con el mundo confundido,
vamos a derribar las barreras,
de los sueños incumplidos.

No voy a restar sonrisas,
para multiplicar lágrimas.

Eres la tinta de mis poemas,
soy toda de ti,
tú a penas un poco de mí,
pero a mí me alcanza.

Cuando dejo reposar mi corazón,
descubrir que solo,
en los sueños todo es posible.

LVII

Confía en tu intuición,
afloja un poco los grilletes,
que aprietan tu corazón.

Somos piezas de distintos puzles,
que encajan a la perfección.

Aunque no nos buscamos,
deseamos encontrarnos
por esa razón aquí estamos,
sentados frente a frente.

La forma en que has abierto tu corazón,
la forma en que tu mirada,
ha penetrado en la mía,
me has dicho te quiero,
la conexión ha viajado,
a través del universo,
para querer detener el tiempo.

No has tenido miedo
a decirme te echo de menos,
la plenitud ha sido tan grande,
que no quepo en el cuerpo.

He leído sobre las tragedias de otros,
Sin pensar en leer las mías,
después de escribirlas.

Aquel beso lo cambió todo,
eliminó las tristezas del corazón,
que afloraban sin llamarlas,
detrás de una sonrisa,
engañosa y falsa.

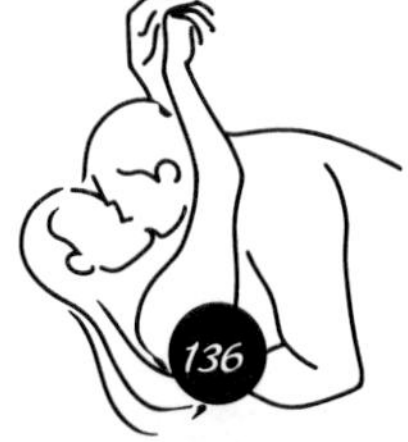

LVIII

Hacer el amor,
no es solo tener sexo,
comerte, devorarte,
escribir a besos,
bajo el vientre hambriento.

Es… tenerte,
que tu presencia me tranquilice,
me sorprenda, me encantes,
me des fuerza, respeto y dulzura,
con tu coherencia, tu humildad,
tu saber estar.

Eres mi hombre medicina,
en lo que trasmites, está tu magia,
con tu mirada oliendo a cielo,
tu corazón tan cerquita de mi alma.

El deseo me nubla,
el amor me desborda,
tu ausencia me atormenta,
rayos de luz, solo si me besas.

Mi amor es como un roble,
en la tierra reseca,
de cualquier bosque.

Mi alma, como una vela,
presa, con un temblor agitado,
sintiendo cuanto te amo,
ahogando mi voz,
mientras te llamo,
para dormir a solas,
con mi sueño enamorado.

Escribo en el aire las letras de tu nombre,
entre la brisa de la noche.

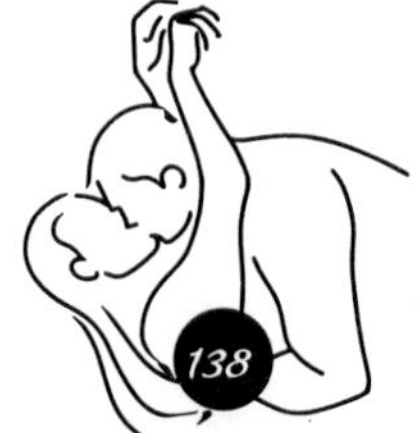

Escribo versos,
entre los renglones de tus movimientos,
mientras le enseñas a mi boca
tus rincones favoritos,
de jugueteos infinitos.

LIX

Ni antes ni después,
solo cuando te necesité,
entraste a través de mi piel,
convirtiendo cada día en fiesta,
sintiéndote como un leve viento,
que roza de continuo mi pecho,
pensando que, sin ti, no tengo aliento.

Quien se aventura a decir,
que esto no es cierto,
si yo te siento,
desordenando la cama,
paseando, corriendo, cabalgando,
desbordando la humedad,
en la tierra desnuda,
para posar la infinita semilla de tu amor,
en la gruta escondida.

Volando en el jardín de los sueños de colores,
cerca del umbral de tus labios y mis labios,
fundidos en un beso.

Quedémonos en este paraíso,
perdido, inventado,
aspirando el perfume con olor a enamorados,
temblar con cada gesto apasionado

Dame atardeceres profundos,
amplias sonrisas,
nuevos comienzos,
aunque la vida no sea la fiesta,
que habíamos pensado,
nunca dejemos de sonreír,
amar y bailar,
al son de las letras que para ti he creado.

LX

Escribo y pierdo la noción del tiempo,
las letras van fluyendo,
me absorben, me liberan,
dando paso a los sueños.

Escribo, le cedo el paso a la nostalgia,
llegando a mi memoria,
aquella noche de luna clara,
que ayudó a cruzar nuestras miradas.

Quisiera decir que me he vuelto a enamorar,
que hay alguien que me hace volar,
que se me prende el alma al recordarle,
que se acaloran los sentimientos al pensarle.

Escribo y no siento culpa en mí,
hace que no se me arrugue el corazón,
que mis ojos tengan luz de mediodía,
las noches dejaron de ser frías.

Sin buscarle, le soñé,
con un hilo de plata le amarré,
para derramarle en una copa,
que ya estaba vacía,
así fue como llenó mi vida.

Siempre encontrarás mis ojos agradecidos
en la inmensa fábula de los tuyos,
mirándonos y ambos pensando,
que felicidad produce,
el habernos encontrado,
en este tumulto de cosas establecidas,
que le quitan latidos al corazón,
al alma libertad,
y belleza a la poesía.

LXI

Nuestro tiempo,
se mide en intensidad de latidos,
no por los años compartidos.

Como llovizna,
que lava recuerdos escondidos,
entre las nubes del olvido.

Ahora quiero encender el infierno,
enredarme en tu cuello,
lanzar mis gemidos al viento,
gritarle a la locura,
con profunda dulzura.

Que se adueñen del día,
los rayos de sol,
que se filtran por las puertas,
que nos florezca la vida,
en la mañana fresca,
con sonrisas cómplices y secretas.

Quiero ser la calma de tu tempestad,
la lluvia cuando hay sequía,
ser tu princesa,
que me eleves al cielo,
cuando me besas,
mientras muere la tarde,
pasan las horas
mientras la próxima distancia,
empieza a tomar forma,
antes de morir,
por quedarme sin tu aroma,
que pulula en el aire,
luego me abandona.

Juntemos nuestros sueños,
tal vez aún tengamos tiempo.

Cada noche alimento mis deseos,
mis sueños son llegar al amanecer,
envueltos en melodías de sonrisas,
nubes de triunfo,
con el asta de tu bandera,
clavada entre mis muslos.

LXII

La lluvia, como nosotros dos,
tiene un secreto escondido,
una extraña música,
que despierta el paisaje de mi mente,
mientras me dice,
que tengo que dejar de respirar,
a través de tus pulmones,
que yo no soy prioridad,
que cada detalle que te rodea,
tiene un paso más.

Una vez más,
el mundo se me cae,
pero no lo sabrás,
hasta que no me marche.

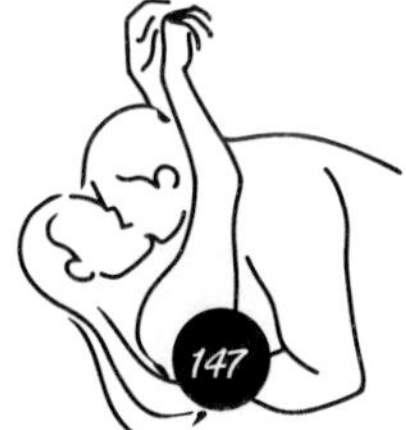

Tal vez las apariencias,
te importen más que el alma,
el envoltorio,
más que el contenido,
lo que piensen los demás,
más, que quien provoca tus latidos.

Qué triste es tener la luna en la mano,
cerrar los ojos y devolverla a su espacio.

Las palabras se convierten en pensamientos,
las acciones te dan miedo.

Soy un ratito en el tiempo,
sin planes ni futuro.

¿Quién soy?
instantes divinos, valiosos,
que dejas que se marchiten,
como las flores.

Mis pasos son cortos,
tu camino largo.

Ni odio ni rencor,
entendimiento y razón.

Aunque no pueda,
con tanta tristeza en el corazón.

Por la noche tengo que abrazarme fuerte,
sonreír en las tardes grises,
escondiendo en cada sonrisa tu nombre,
bailar cada mañana,
como si nada pasara,
sabiendo que te cambié la vida.

Quisiera ser un privilegio, no una opción,
sobre el blanco papel,
no derramar tanta tinta,
con un lamento de amor,
en cada línea.

LXIII

Te busco en vano,
tu recuerdo me trae soledad,
también sosiego.

Pensar en ti,
entrelazar la oscuridad de la noche,
con los primeros rayos de sol.

Lo que no ha pasado,
trae vacío en mi pecho,
perdiendo suspiros,
en el abismo de mi cama vacía.

Quisiera aventurarme a serpentear,
con mis manos,
entre el abrasador calor que desprendes,
mientras tu respiración se altera,
el terciopelo de tus manos,
fuertes y firmes,
alimentan mi pasión con ternura,
fundiendo mi piel y tu piel.

Sobre el blanco papel,
derramar la tinta,
a la sombra del amor.

Que me cautive tu mirada
que me ames, como el cauce al rio,
mirando como las flores las acaricia el viento,
en un espacio que no será efímero, sino eterno.

Llegaste sin buscarte,
ya, no puedes marcharte.

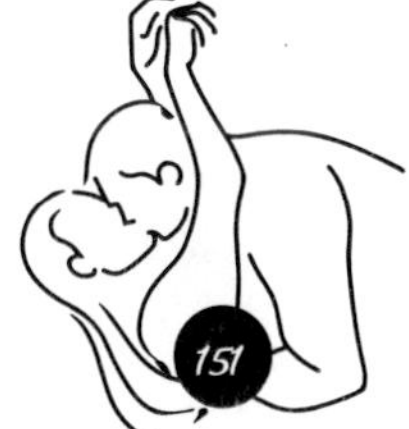

LXIV

Tu sonrisa me ilumina el día,
hace que no sienta penas ni quebrantos,
tus brazos me demuestran seguridad,
confianza, hablando o escribiendo,
quiero desnudarme plenamente,
confirmar lo que ya sabes.

Te has convertido en la única persona
que despierta mis sentidos,
el único que enciende mi pasión sin tregua,
que no está sujeta ni al tiempo ni al espacio,
ni a otras situaciones,
me das energía.

Quisiera hacer magia,
eternizar un instante,
perpetuar un beso, un abrazo, una mirada,
perderme en tu piel,
y hacer un escudo detrás de tus miedos.

El amor nunca se malgasta,
ni siquiera cuando no es correspondido,
hay que dejarlo salir siempre.

"Si vienes por ejemplo a las cuatro de la tarde,
a partir de las tres, empezaré a ser feliz.
A medida que se acerque la hora,
me sentiré más feliz,
y a las cuatro, me agitaré y me inquietaré".

¡Descubriré el precio de la felicidad"!
- Decía el Principito-.

La puerta se cierra,
la vida cobra otra dimensión.

Qué difícil es explicarle al corazón,
cuando alguien te huele a poesía,
cuando sus latidos gritan un nombre,
cuando navegas en una mirada noble,
cuando quieres que la vida,
se detenga un instante,
cuando es más importante
tenerte en mi vida,
que junto a mí.

Ojalá que la decepción,
nunca anide en nuestros corazones,
que la quietud y la calma,
siempre nos acompañe,
que demos rienda suelta,
a nuestros corazones,
a nuestra vida,
a nuestra imaginación,
que sin sueños sería vacía.

Que seamos capaces,
de transitar entre caminos llenos de obstáculos,
y que aun así no perdamos la sonrisa,
ni la esperanza que, es un arma poderosa,
y siempre trae alivio y consuelo en tiempos revueltos.

Búscame en los sueños,
advierte como mi alma tiembla,
cuando te acercas,
como la piel se eriza,
la mirada cobra un brillo especial
y se pierde de placer,
la respiración se agita
¿cómo lo llamarías?

Ese instante justo antes de caer la noche,
cuando el sol tiene apenas un reflejo de luz,
y da paso a la luna,
ese mágico momento,
en que mis sentidos, te desean más que nunca.

A veces te imagino en silencio,
a mi lado, oyendo el arrullo de una ola,
en el atardecer de una playa,
o el vaivén del viento,
moviendo las hojas,
de algún árbol centenario,
testigo quizá de otros amores prohibidos,
o buscando formas extrañas,
en el crepitar de un fuego,
o tal vez contando,
esos puntos brillantes,
que adornan el cielo.

Mirar como las nubes se mueven caprichosas,
para caer de pronto en el océano de tus ojos,
o en el latido de tu pecho.

¿Qué es la vida?
me pregunto a veces,
un puzle de momentos,
piezas sueltas,
amor, llanto, tristezas,
incertidumbre, felicidad, momentos.

Esas tardes llenas de complicidad y besos
y pase lo que pase,
anidan en algún rincón de la memoria,
y nunca se van,
se esconden en los detalles,
aunque parezca que se pierden en el tiempo.

Pero y ¿qué es el tiempo?
algo efímero, sin planes,
una magnitud física con la que se miden acontecimientos,
los que no se viven,
esos sí se pierden,
nunca vuelven,
vivamos los que se presenten,
sin pensar en lo que podía haber sido y no es,
es lo que tenemos,
es mucho porque no está sujeto a nada.

Mi entrega es sin condición,
sin promesas,
porque después de muchas tragedias,
mi corazón es sincero.

Mientras tú me sueñes,
Y
yo me desvele pensando en ti,
nunca estaremos lejos.

Que todos crean que somos ajenos,
y que a solas yo soy poeta,
y tu mi inspiración.

LXV

Una vez más gracias,
por hacerme descubrir el paraíso,
en el tacto de tu piel,
por hacer que tus besos,
me hagan volar hasta rozar el cielo,
por ocupar mi pensamiento,
antes de quedarme dormida.

Por hacerme sentir que la vida,
tiene motivación y sentido.

Perdona si mis palabras te abruman,
no es mi intención,
pero si no lo digo,
se acumula en el cuerpo,
hasta convertirse en insomnio,
y no quiero eso.

Hoy más que nunca,
el futuro es incierto,
el presente es lo que siento,
lo único real que tenemos.

Las emociones,
no son de ahora o pasadas,
Son emociones,
que te hacen temblar,
desear perderte en la profundidad azul,
de una mirada, de tu mirada.

La aventura parece peligrosa,
pero dime, la rutina, ¿no es mortal?

Me quedo con esos momentos,
esos que me alegran,
los días, las noches,
me quedo con las risas,
con las charlas,
la pasión, los juegos,
que hacen que cada día sea un poquito mejor.

Gabriel García Márquez, escribió una preciosa carta, en un momento delicado de su vida, aunque hay quien dice, que no era el autor.

Hoy quiero poner en mi boca, esas palabras, que yo, te dedico a ti.

"Si supiera que esta fuese la última vez que te veo salir por esa puerta, te daría un abrazo, un beso y te llamaría de nuevo para darte más…

Si supiera que esta fuera la última vez que voy a oír tu voz, grabaría cada una de tus palabras para poder oírlas una y otra vez indefinidamente…

Si supiera que estos son los últimos minutos, que te veo, diría te quiero y no asumiría tontamente que ya lo sabes.

Siempre hay un mañana, la vida nos da otra oportunidad, para hacer las cosas bien, pero por si me equivoco, me gustaría decirte, cuánto te quiero.

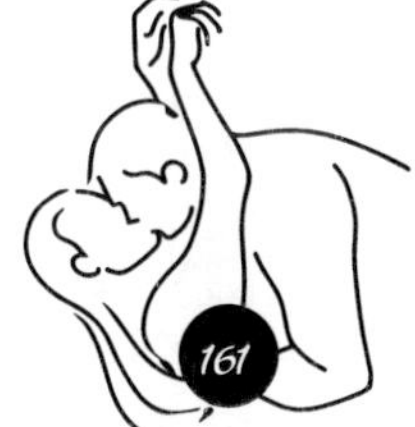

LXVI

En la inmensa oscuridad,
que me envuelve,
solo alcanzo a ver tu sonrisa,
tan brillante como una estrella,
y tan clara como el agua cristalina.

Mis ansiedades tocan las nubes,
hasta que tu sonrisa llega,
calma e ilumina la penumbra.

Solo entonces,
me invade el sosiego.

LXVII

No besaré más labios equivocados,
me cansé,
aunque aún no me llegó el turno,
te esperaré,
leyendo un libro,
sentada, en un banco solitario,
mientras el viento pasa las hojas,
como tus manos acariciando,
yo suspirando

Tu corazón sabrá, que con paciencia,
seguiré esperando,
detrás de un día lluvioso,
o una nube de verano,
o quizá un arco iris sonriente,
bailando,
hasta estar entre tus brazos,
sin mendigar atención,
dándote siempre mi mejor versión.

Uniendo tu voluntad,
a mi fantasía,
rindiéndote día a día.

Mi corazón no está roto,
ni mis huesos fríos,
mis labios son cálidos,
esperan su turno,
para besar los tuyos.

Persigue delirante,
el aroma de mi sonrisa,
tatuada en tu sombra.

Busca entre mis piernas,
quédate aprisionado en mis caderas,
mientras bailo,
al son de música ligera.

Espero mi turno,
embelesándome en la lectura,
suspirando en la poesía,
amándote como a ninguno.

LXVIII

Mírame a los ojos.,
desnúdame lentamente,
desliza tus dedos diligentes,
mientras mi deseo se abre a ti,
esperando el recorrido,
de tu lengua, húmeda y embriagadora,
sin timidez ni vergüenza,
erizando toda la piel,
con libertad e independencia.

Ven hacia mí,
introduce toda tu furia dentro de mí,
que se quede mi cuerpo empapado de ti,
cayendo en una convulsión,
con pedazos de nubes adormecidas,
escuchando de tu voz dulce melodía.

Con mi mente libre,
mi voluntad esclava,
de todas tus caricias.

LXIX

Entre tanta gente,
tu mirada cautivó la mía.

Hiciste que mi sonrisa despertara,
que estaba bastante dormida.

Esta noche antes de que despunte el alba,
quiero poseer tu cuerpo,
contra la pared o en el lecho.

Faltará tiempo, para olvidarse de todo,
sentir tu tersura, deslizándose por la gruta,
que liba miel,
que embriaga hasta enloquecer.

Mis manos sujetando tu cabeza,
llegando a quemarse la llama,
que arde sin piedad entre las sábanas.

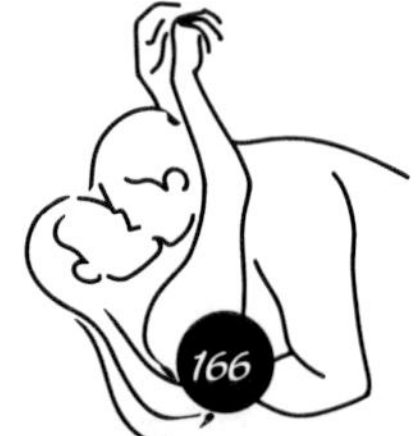

Mientras escucho la melodía del viento,
que entra por la ventana y da aliento.

Tienes que amarme con furia,
con ¡paciencia,
dibujar mi cuerpo,
con pinceles y acuarelas,
hasta quedarme de tu amor satisfecha.
Y cuando esté en la ola más alta,
entrégame el alma,
¡amor el alma!
ahogarme en esa ola de espuma blanca,
pronta a llegar,
no pensar en nada más.

LXX

Una hora, 60 minutos, 360 segundos…
¿Qué es eso?
¿Una forma de medir el tiempo?
¿O el abismo infinito, desde que no tengo tus besos?

Caballero que vienes a mi encuentro,
con el que siempre sueño,
que hoy he tenido dentro,
en el fondo de mi corazón y de mi cuerpo,
calmando el hambre de mis deseos,
en un proceso intermitente,
rápido y lento para poder gozarnos,
en pausado proceso,
sintiendo la cercanía,
de estos febriles cuerpos.

Sentir tus tibios dedos,
ciñendo el circulo de mi cintura,
en mí, tus manos,
sobre ti, las mías,
sin detenerte quiero,
que avives la marcha,
como un jinete, montando su jaca.
Mi lascivia,
como un tren a toda marcha,
ignorando las palabras.

La maravilla de un acto,
radica en la permanencia del contacto,
sin saber si mi querer, vino del tuyo,
o tu querer de mi querer.

Deseo ser el mar,
tú, que seas el acantilado,
para llenarte de furia,
estando aún conmigo, sin estarlo.

Jadeante de gemidos,
el deseo de los sentidos.

LXXI

Sintiendo que no me entiendas,
yo a ti tampoco,
a veces creo que me quieres mucho,
otras que muy poco.

Es necesario recordar,
por qué necesitas avanzar,
aunque tengas el castigo,
de dormir con otra,
soñar conmigo.

Eso será de continuó,
tu vida cómoda,
con todo establecido,
hecho a fuego lento,
para terminar aburrido.

Dormir a una hora,
levantarse amanecido,
pasando el día,
sin altibajos en los sentidos.

Comida en familia,
¿qué han hecho en el cole los niños?
una jornada de trabajo,
los platos bien recogidos,
unas merecidas vacaciones,
las cortinas a juego con los salones.

¿Dónde está el sentido?
si no te inquieta nada,
si estás adormecido.

Un día tras otro,
mientras disfrazas tu vida,
de bien avenida.

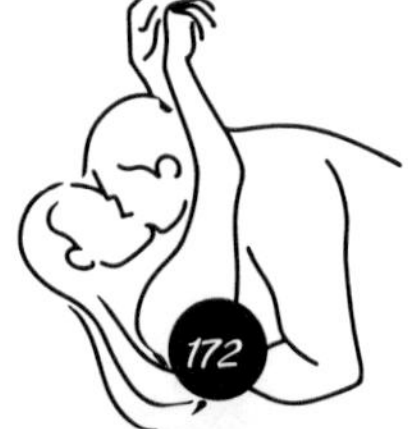

Qué dirán los vecinos,
de pronto llega un torbellino,
sin saber que existía,
nada parecido,
te da lo que necesitas,
para allanarte el sendero elegido,
te atrapa la vida,
te da luz al camino.

Viviendo primavera en invierno,
haciéndote los versos más sentidos,
teniéndote presente,
en cada uno de sus latidos.

Tú viviendo sin vivir,
por no tenerla contigo,
es mucho más fuerte lo establecido,
sin embargo, te perdona,
apareciendo,
para que aprendieras la lección,
para transformar,
cambiar la ruta.

No fue un accidente,
tenía que suceder,
tener la valentía,
de poner tu corazón en juego,
Y enamorarte de quien tenía que ser.

A pesar de haberte equivocado antes,
porque la química,
es el contenido,
pero la alquimia, la alquimia…
fue quien nos puso en el camino.
Alguien en el tiempo,
lo dejó así escrito.

Tal vez sin ella amigo, estarías más tranquilo,
su dulzura, su fragilidad, su fuego encendido,
te ha hecho sentir la vida,
ya no podrás,
dejarla en el olvido.

LXXII

Soy una pluma que mueve el viento,
dentro de mi alma,
brotan por si solos los versos,
con una voz oculta,
que crece en mi pecho,
aumentando la pasión que llevo dentro.

A veces soy vació y silencio,
como los campos resecos,
ansiando la lluvia de tus besos,
con un mar de estrellas,
que me alumbran por dentro.

No hay día que no le cante al viento,
cuanto te quiero,
cuanto te necesito,
cuanto te echo de menos,
aunque no te lleguen los ecos,
tu corazón te dirá que es cierto.

Siempre de tu mano,
no en la mitad del camino,
no sé si tengo bandera, pero si destino.

La sinrazón de tu amor y el mío,
como un barco sin timón que navega perdido.

Besos candentes,
que provocan, que estremecen,
desafiando mis ganas,
como únicos testigos, las sábanas.

Desordenando cada latido,
siendo tormenta y calma,
unas veces sosiego,
otras, desespero.

LXXIII

No necesito ir al mar,
para fundirme en su azul,
deja que mire tus ojos,
con su oleaje tendré bastante.

Háblale de mi a la luna llena,
que necesito ver tu sombra,
reflejada en ella,
que te vigilen las estrellas,
mientras duermo, y contigo sueño.

No esperes a que pase la tormenta,
baila bajo la lluvia,
mientras le pides al viento,
que te lleve mis besos,
mientras sufro a solas,
agradeciendo al destino,
haberme cruzado en tu camino.

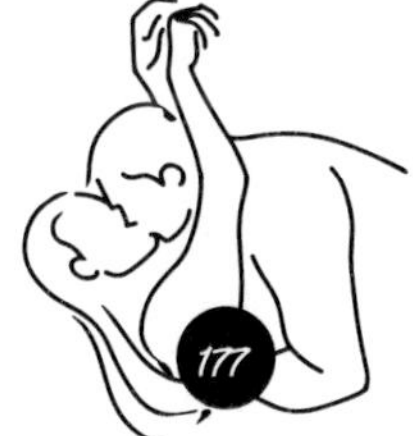

déjame ser el alma solitaria,
que acaricia tus días,
tus noches y madrugadas.

Acércate, sana mis heridas,
a veces demasiado ocultas,
sangrantes hacia adentro,
solo curando,
abrazándome a tu pecho,
como el agua limpia,
de una cascada,
tal vez, como una pócima creada,
con fuerza de guerrero,
a veces triste,
pero siempre sincero,
con toda la fuerza,
que te ofrece el universo.

LXXIV

Cálidos cuerpos.
Con latidos desatados,
sin normas, derribando muros.

La pasión nos domina,
el miedo, los apegos nos paralizan.

Los sueños se persiguen,
la paz se construye,
el amor se vive.

Pero te has ido,
queda tristeza,
el corazón en declive,
también dulzura y júbilo,
sabiendo que no hay olvido.

Aunque cuesta tenerte fuera,
del sueño que empecé contigo.

Siento que el mundo se acaba,
con un verso descarnado,
una voz desnuda,
un aroma a canela,
intentando lo imposible,
aunque parezca desorbitado.

Escribí versos al aire,
para ver como volaban,
como caían al suelo,
por lo poco que rimaban.

A veces mi alma rezonga sin sentido,
esperando paciente,
tu corazón desbordante de latidos.

LXXV

Caricia a caricia quiero ofrecerte,
mientras conquistas mi geografía,
mi más íntimo recinto,
la voluntad se vuelve fantasía.

Necesito tenerte,
de forma delirante,
porque la memoria de mis brazos,
añoran esos instantes.

Dos amantes limitados a una sola vida,
solo con frenos,
suspendidos en el viento,
con la pasión viva,
el deseo saltando por las esquinas.

Mi alma siempre estuvo alerta,
¿dónde te escondías?
si te esperaba,
echada la llave en la puerta,
no estaba.

Siento que eres como el eco de mi voz,
y al perseguirte, con premura,
te conviertes en el crepúsculo,
de labios voluptuosos,
de manos impúdicas.

Mi huella de mujer,
marcaré en tu piel,
aunque el tiempo pase,
siempre me recordarás,
como tu más intensa amante,
la que más te quiso,
la que hubiera movido el mundo,
para estar siempre contigo.

Tú no me quisiste,
en la misma proporción,
estamos desigualados.

Debí seguir mi camino,
sin esperarte tanto,

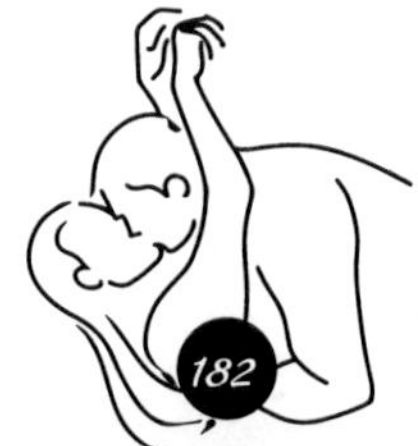

LXXVI

Cuando en las nubes se mete el viento,
juega con ellas, las agita,
así es como yo te siento.

Te acercas un momento,
te recibo y casi te vas corriendo,
aunque sé que no te olvidas,
de la luz roja,
que estando desnuda,
se refleja en mi cuerpo,
decorado con encaje negro.

como levanto la cabeza,
mirando al cielo,
pretendiendo que esos segundos sean eternos.

Que mantengas lo conquistado,

mientras mi voluntad,

se une a tu fantasía,

mientras la región de tus palabras,

la hago enteramente mía,

esperando que te adentres,

en mi única frontera,

con un no rotundo,

o un sí titubeante,

que nos enamoremos juntos,

nunca distantes.

LXXVII

Siento los latidos en tumulto,
tus manos exploradoras,
las mías, temblorosas.

Una marea de calor me sube,
mientras el tronco de un árbol,
de poderosas raíces,
en mi interior se funde.

Desatando un hambre de sentimientos,
en deuda con la vida,
por ponerte en la mía,
incapaz de pronunciar tu nombre.

Cuanto más se ama más se llora,
razón que me lleva,
a ajustar mi vida a tu ausencia.

Galopando por un valle a tu encuentro,
para caer en los retozos de la convulsión.

Siento que llevo un lastre al cuello,
el peso y la cadena,
me sumergen en un mar de pena.

Aun así, quiero navegar al infinito,
no perder ni un solo instante tu mirada,
que me acuna,
desde la mañana al alba.

Que mi recuerdo,
solo sirva para alentarte,
que él pueda, mil veces abrigarte.

LXXVIII

En una velada digna,
de enamorados furtivos,
amándose a escondidas,
abrazados a los sentimientos,
de nuestras almas,
con pasiones reales,
corazones con heridas,
vamos pasando la vida.

Debería decirle a la noche,
que no me mande más sueños,
en sueños te tengo,
te acaricio, te toco,
al despertar,
la realidad se hace presente,
y aún no sé,
cómo puedo vivir sin tenerte.

Quiero sentir tus labios en el cuello,
con un mordisco fiero,
que acaricies con tus manos, mi pelo.

Me gustan tus besos,
sobre todo, cuando no los espero,
me quiebran,
como una canción o un verso.

Te invento a mi lado sin tenerte,
consumiendo las horas,
supliendo los dictados de mis fantasías,
como si estuvieras,
con tus manos temblorosas,
deshojando la rosa.

Dueña de tus pensamientos,
la que te guía en cada momento,
la que te busca en otras miradas,
en otros atardeceres,
sin encontrar nada.

Solo vacío y nostalgia.

LXXIX

Cuando te sueño, me enciendo,
tu boca entera, tus labios, tus besos.

Que tu piel se funda con las mía,
que tu cuerpo huela a primavera,
que libes el arroyo,
que tengo entre las piernas,
antes de que mi respiración se agite,
y mi cuerpo entero te suplique,
mientras danza la llama de madrugada,
y tu sedosa boca,
desliza palabras,
cálidas y mi mordido grito,
baile a lo largo de tu amor endurecido,
dentro de mi cuerpo estremecido.

Suspirando, entre la inquietud soñando,
a un genuino compás.

Penetrándome con la mirada,
a la par de tocándome el alma,
para seguir cabalgando entre mis nalgas,
locas y desatadas,
con la mirada ardiente,
avivando las ganas,
perdiendo los miedos,
viendo que, en la piel,
te renuevas,
me renuevo.

LXXX

Abriré mi jardín sin resistencia.

Para que inundes mi vientre de tu esencia,
y cuando los dos explotemos,
con el color de primavera,
no habrá en el universo quien diga,
que este contacto,
no es magia y fantasía.

La población del cosmos,
se reduce a dos personas que se aman,
suspendidas en un mundo,
donde todo es solo cuerpo y alma.

¿Para quién son tus versos, reina enamorada?
Me dijo tímidamente, a la par que sonreía,
descubriendo que mi poesía era solo suya.

Tanta renuncia, me tritura el pensamiento,
todo en mí, sin fuerza se derrumba,
siguiendo las horas a los días,
los días a las semanas.

Sabiendo que sin ti,
el hambre me desgarra.

Que desventura la mía,
aunque sea una víctima voluntaria.

Se me duerme la conciencia,
sabiendo que estás lejos,
se me despiertan los instintos,
solo queriendo imaginar tu aliento.

Queriendo estar contigo,
olvidarme del tiempo,
que, sin ti, pasa demasiado lento,
que mis ansias,
no se van perdiendo,
que la tierra perdone,
nuestra subida juntos al cielo,
mientras penetras mis entrañas,
mojándome con el néctar cálido,
de tus ansias.

LXXXI

Eres la razón,
por la que cuando miro al cielo,
acomodo mi silla cerca de una nube,
me pongo a pensar,
entonces me aseguro,
que es contigo,
con quien quiero estar.

Por tu arrebatadora calidad humana,
tu alma se pegó a la mía,
nos encontramos,
porque seguramente,
nos andábamos buscando.

tus ojos oceánicos,
nunca me dieron lejanía,
aún sin ser…
ni tus noches,
ni tus días,
ni tus momentos tristes,
ni tus risas diarias,
pero sí, quien en silencio,
tantas veces te acompaña.

Pintando el futuro de colores,
como si soñáramos con las flores.
Todo lo dejé suceder,
y sucedió.

No quieras lanzarme a otros atardeceres,
a un abismo escarpado,
no deseado,
para dejarme morir lentamente.

Permite, que seas tú,
esas pequeñas pinceladas,
que me ofreció la vida,
ser feliz a ratos,
ahora que estás aquí,
¿cómo voy a dejarte ir?

Si sé que quieres respirar,
el azul del cielo,
el frescor del aire,
el brillo del agua,
ver estrellas sin ocaso,
en mi mirada.

No te arrepientas de nada.
Estaré.
Antes o quizás después.

LXXXII

Reflexionando en cómo sería la vida sin ti,
me asaltó un profundo vacío,
como si me perdiera,
en la oscuridad del mundo,
en una noche sin luna,
entre un libro sin letras.

Caminando sin estrellas,
con pasos vacilantes,
perdiéndome en el camino,
por no tener destino.

Pensando que la diferencia,
de la vida sin ti,
es como una caída al abismo.

Sin ti, el presente sería extraño,
solo quedaran lágrimas en mis manos,
y sin pasión el corazón.

El futuro se tornaría opaco,
sin rendición.

Eres la brisa del mar,
tal vez el canto del mirlo,
eres amor y sintonía,
de esta y mil vidas.

Dentro de mí,
una voz reposada me llama,
tu nombre se convierte en música,
silenciosa y perfumada.

Mi antojo de tenerte,
es una vela encendida,
que deseo mantener,
al precio que fije la vida.

LXXXIII

No, no es lo mismo querer que amar.

Querer es compartir momentos,
tener la misma dirección.

Amar son grandes momentos sin dirección.

Es vibrar, construir un lazo emocional,
llegar sin avisar.

El querer te controla,
el amor te controla a ti.

Es ver como los rayos de sol,
se filtran por la ventana,
para percibir el encanto de la mañana,
encontrándose con tu mirada,
sentir que nada más hay que te distraiga.

Tu ser el mar y yo el rompeolas.

Mi voluntad y tu fantasía,
juntos, bailando, con dulces melodías.

Llegas sin detenerte.
Intentas poseerme,
yo sin defenderme,
me vences y soy feliz de tenerte.

En guardia el sentimiento,
percibiendo temblores en mis piernas,
húmeda de amor,
mi boca hambrienta.

LXXXIV

No podría quererte sin amarte,
aunque me siento prisionera de este lastre.

Quiéreme así, sin filtros,
porque así camino por la vida,
no te vas a arrepentir,
desnuda, rebelde, sin ningún disfraz,
con deseos propios,
ya no me dejo chantajear,
aunque a veces me rompo,
pensando en amores, sin destinatario.

No me conformo,
sé que soy débil, pero libre.

Mi poesía es como melodía,
sin retórica, sin rimas,
sencilla como es la vida.

Recordando algunos amores,
que se casaron con otras,
mientras yo les escribía,
las cartas que me pedían,
enamorándose ellos,
de las palabras que yo decía,
yo, llenándome de melancolía.

Siempre buscando ese amor,
que llegaba e igualmente se esfumaba.

Toda mi familia desaparecida,
amigos que van y vienen,
hijos que no te pertenecen.

Sola conmigo misma,
convencida de que solo yo,
soy mi mejor compañía.

LXXXXV

No supe que venías,
como un relámpago llegaste,
a veces veo ausencias,
otras cercanía y cielo,
estrellas mucho más brillantes.

Bajo nuestra piel,
rodando nata y miel.

Si me das pausa,
un lento tropel de nubes se desbanda.

Quiero encontrar,
intento encontrarme,
todo lo que para mí existe,
tengo tanta sed de ti,
que me vuelvo labios y garganta.

Los versos son como ramas,
que balancea el viento.
Tendré que vivir,
el resto de mis años,
sola, sin cuerpos extraños en mi lecho,
ni en realidad, ni en sueños.

No quiero que cualquiera me desvista,
ni que ande por mis brazos,
no quiero sucias palabras,
si no son,
con el amor que tus labios emanan,
no quiero besos fingidos,
ni paisajes feos en mi cama.

Quiero sonrisas gratis,
claras y limpias,
como el agua azul de un lago.

Que tus canciones sean solo mías,
prefiero consentir,
que mis manos sigan la ruta, de mi piel,
Que antes siguieron las tuyas,
como un caballero en su montura,
galopando sin armadura,
hacia los valles de mis brazos,
con un fervor pagano.

Que se fugue la noche,
que solo imagine,
tu abrazo que me arrulla,
sintiéndome flotar como la espuma.

¡Dios mío! Que desventura.

LXXXVI

Nos juntó la vida,
tuve valentía, en la primera cita,
en la penumbra de la tarde,
vi el deseo danzando,
igual que la brisa de viento,
acariciando.

Con voz temblorosa,
me invitaste a un paseo,
en un rincón del universo,
donde quisimos detener el tiempo,
que el amor fuera el único verso.

Sin anteriores momentos juntos,
aunque ávidos de deseo.

Se me estremecía el cuerpo,
según tus manos avanzaban,
yo sucumbía a la demanda.

Oh, como me gustaba,
aunque aún no te conocía,
con delicada lentitud,
aceleré la marcha.

Que miedo me daba,
que, sin quererlo,
pudieras anudarte a mi alma.

En la memoria del cuerpo,
se quedó la hazaña,
aceleramos el tiempo,
alma y cuerpo se fundieron.

El amor nos meció,
en brazos del cielo.

Morfeo no llegó.

Pudimos abrazarnos,
todo el tiempo.

Después de esa noche,
Cupido y Eros,
Rivalizaron en un duelo,
ambos se llevaron el premio,
al mismo tiempo.

Desde entonces coexisten,
no hay quien pueda parar,
el fuego del alma y del cuerpo.

LXXXVII

Gracias por los momentos,
dulces que me has dado,
por las sonrisas amplias,
por la sutileza de un abrazo,
por confirmar día a día,
que no me estoy equivocando,
que hay más que un instante,
que al tiempo le estamos robando,
que nos buscamos,
porque nos extrañamos.

Desde que la magia nos unió,
siento que mi vibración es diferente,
aliviando un gran peso existencial.

Dejé fuera emociones,
los te quiero falsos,
cuando se cayó el mundo,
cuando una sonrisa se dibujaba en mi cara,
fingiendo que todo estaba bien,
mirando largamente,
la luna solitaria,
contándole las amarguras acumuladas.

Me atrapó el insomnio
y caminé bajo tormentas,
he tenido miedo y valentía,
también me he reído de la vida,
que nunca nos parece justa.

Ahora tú me has dado,
sueños que cumplir,
compartir tus anhelos,
tus inquietudes y fantasías.

Para mí eres, como un rayo de luz,
en un dorado atardecer,
una sonrisa cómplice,
un sabor dulce de miel.

Contigo me he regalado,
estabilidad emocional.

Yo solo puedo ofrecerte,
alegría y lealtad,
el aroma de una rosa,
mi corazón, lleno de derrotas.

Aunque detrás de las ventanas,
existan historias sin tiempo,
que reconfortan el alma.

Cada vez que escribo,
me siento desnuda de golpe,
quitándome ese escudo brillante,
tras el que mi alma se esconde,
para engañarme quizá.

Por no ser ni tus mañanas,
ni tus noches,
ni tus momentos tristes,
ni tus risas diarias,
aunque sí, quien, en silencio,
tantas veces te acompaña,
pintando el futuro de colores,
como si fuera un campo de flores.

Nada pido, nada tengo,
solo un camino incierto,
atardeceres dorados,
una luna clara,
una sonrisa tuya,
una caricia en el alma.

Mis pensamientos, hablan de ti,
sobrellevamos la vida,
que otros quieren que tengamos.

Somos esclavos conformados,
besando las manos de nuestros amos,
aunque bastante engañados.

Sabiendo que, en el amor,
no hay maldad ni pecados,
aun así, aguantando,
quedando sentimientos intimidados,
por temores guardados.

LXXXVIII

Eres mis rimas, la poesía prohibida,
la que escribí casi a escondidas,
la aventura jamás contada.

Decía Benedetti:
"Somos piezas que encajan perfectamente,
pero no del mismo rompecabezas".

Nuestro amor florece,
en forma de besos,
en te quieros continuos,
para ser perfecto.

Mis besos tienen una ruta por tu cuerpo,
deslizándose, trazando senderos de fuego,
en una declaración absoluta de entrega.

Un universo,
en el que todo es posible.

Revisa tus pensamientos,
búscame siempre en el baúl de tus recuerdos,
yo siempre estaré para ti,
porque no hay lugar para contenerme,
ni para contenernos,
entregándonos al deseo.

Sigo soñándote y amándote,
desde el roce de tus labios,
hace ya algunos años,
una noche de verano,
siendo testigo la luna,
que nos alumbraba,
cuando tímidamente,
un ojo nos guiñaba,
y a un único destino nos guiaba.

LXXXIX

Una orgia de emociones,
camina insolente y decidida,
entre tu mirada, que cuando se ausenta,
me llega irremediablemente la tristeza,
derramando lágrimas de poesía,
caminando sin querer hacia el dolor,
¿dónde queda el amor?

Mi amor,
es como agua dormida,
que a veces surca como un rayo,
o quizá como el trote de un caballo.

Se me desnuda la razón,
de amor me quedo herida,
por la insolencia de tu iris azul,
que hace tiempo no refleja mi figura.

Dime que es la sed que late,

en nuestro corazón,

en el de los dos,

o quizá sea solo,

un soplo de viento,

danzando por la copa de un ciprés,

y yo me estoy volviendo loca,

por ensoñaciones de noches en vela,

siendo tú el anhelo,

de mis ansias,

de mi fantasía, de mi piel,

y mis ganas.

XC

Hoy tengo las ganas revueltas,
abrázame ahora,
después sabré saborear la soledad,
de los días que tienen largas horas.

Las noches de insomnio, de desvelo,
qué más quisiera que germinaran en ti,
cada una de mis madrugadas solitarias,
esas que tú tienes ocupadas,
que me enloquecen,
solo al imaginarlas,
que desgarran mi piel,
por no tenerte,
antes de que asome el alba.

Me iré lejos, más pronto que tarde,
antes de que las olas,
lleguen a la playa,
de que se quiera apagar,
la última estrella.

Nunca volveré,
ni para escuchar el sollozo del viento.

Aunque la tristeza te invada,
te ahoguen las lágrimas,
la mirada se te pierda,
el corazón te deje de latir,
por saber,
que perdiste mucho el tiempo sin mí,
que te esperé cada mañana,
te escribí cada tarde,
suspiré por tus besos,
por la seda de tu piel,
y me quedé llorando,
lágrimas de cristal
en mi soledad.

XCI

Yo, teniendo el privilegio de encontrarte,
tú, sabiendo como llegar, al corazón,
de donde mana la sangre, cálida y limpia,
del más puro amor,
para querernos sin medida,
mejorando radicalmente la vida,
mi vida, tu vida.

Las hojas del calendario,
ahora se salen del tiempo,
sin conocer ese instante,
en el que un ángel,
atravesó el cielo.

Solo necesito escuchar,
mi desesperado corazón insomne,
mientras cojo mi ropa,
para sentir si aún conserva tu aroma.

Por muy profunda que sea la herida,
dejará de sangrar,
en el refugio de tus brazos,
sabiendo que, en tus pupilas,
danza mi imagen,
como una luz sin sombra, perdida.

Los días pesan,
extraviados en mi pecho,
hasta que me abriga,
el eco, de tu voz susurrante,
como acariciando el viento.

Nunca serás un recuerdo marchito,
sí, un presente infinito.

XCII

A veces rechazo,
las madrugadas solitarias,
intento inhalar fantasía,
Para no ver la realidad.

No tengo destino al que aferrarme,
la soledad quema, por no encontrarte.

Soy la que todo lo sabe,
la que todo lo puede,
la que hace lo que debe,
aunque no lo que quiere.

Se me desborda el amor,
sin querer, salta de emoción,
invitándome a sentir y compartir,
cada nuevo día,
con renovada alegría.

Quisiera tener siempre,
un hueco en tu boca,
en tu pecho, en cada abrazo,
invitándome a sentir,
contigo a compartir
cada nuevo día.

Somos esas personas correctas,
con vidas equivocadas.

Quisiera fundirme en tu azul,
como dos ecos, que se confunden,
como dos almas confundidas,
que pasan errantes, separadas, por la vida.

XCIII

Permite que tu corazón habite en mi pecho,
yo, que inventé los besos solo para tu boca,
quise que mi poesía naciera de tu mirada,
como tú pasión de mi poesía.

Mi pluma tiene un hechizo,
tiene una magia,
toda la tinta que derrama,
es para ahogarme en tus ganas.

Vuelvo siempre a ti,
por dejar encendida,
en mi alma tu llama.

Solo el azul de tus besos,
clama en mi pecho.
solo tu eres,
el cobijo de mis sueños,
el gran abrazo de mi piel.

Seamos un único latir,
desnuda mis prejuicios,
recorre por mi piel,
todos los caminos,
hasta llegar al punto,
donde el dueño es solo uno.
Acalla el silencio.
Haz que griten los deseos.

Siento que todo esto nuestro,
hace tiempo que ha dejado,
de ser un sueño.

Nuestro camino,
ya no es un desierto,
árido y extenso,
si no, un sendero,
fantásticamente cierto.

XCIV

Mis maravillosos días de lluvia,
de tormenta,
me embruja ver resbalar,
las gotas por las cristaleras.

En esta hermosa tarde de otoño lluvioso,
la piel se acelera, por la sorpresa,
tus labios son el deseo,
que mi piel anhela.

Con la lluvia mi corazón se agiliza,
mientras caminas por las mojadas aceras,
llegas y nos refugiamos tras la puerta,
el mundo se para,
de inmediato, suspiros líquidos,
se pierden entre mis piernas.

Me huele la piel a vida,
a lluvia y a tormenta.

Me siento tan viva,
que se dibuja la textura de mi sonrisa,
colgando por tus comisuras.

Arropo mis recuerdos,
en cada línea,
mi pecho suspira,
Por este incierto cúmulo,
de amor salvaje,
que me enajena y me invade.

XCV

Amoratada tengo la piel,
por el mordisco de tu instinto,
sintiéndome morir,
mientras penetras,
mi más íntimo recinto.

Llegaste a poseerme.

Sin resistencia, indefensa,
me mantengo nuevamente a la espera.

El sentimiento, sueña con tu piel,
hasta que vuelvas,
a poner tus dedos diligentes,
recorriendo el tránsito de mis caderas,
como si fuera la primera vez,
que me envenenas.

Tus ojos, fijos en mis ojos,
encadénate a mí,
descarga tu furia,
que mi anhelo,
es cada vez más impaciente.

Mi deseo es libre,
mi voluntad, esclava.

Inyéctame de locura
que mi cuerpo te recuerde,
mientras mi alma te añora.

Tu posesión es delirante,
como raudo caminante.

XCVI

Eres tú, el dueño de mis gozos y mis penas,
te he llamado a voces,
mi alma siempre estuvo alerta,
¿cómo es, que no supe antes de tu oferta?

Ahora surges,
como yo siempre te soñé,
un fino hilo nos separa,
suficiente para sentirme limitada.

Tengo la mirada,
soñadora y densa,
cuando se posa,
a la altura de tu entrepierna,
soñando con tu piel en mi piel,
mientras pienso en un río,
en cataratas de placer.

Con un roce impulsivo,
un manantial, de lo prohibido.

Tripula mi barca por estos mares,
abiertos y familiares,
jadeante el deseo en los sentidos,
hasta que, en el sosiego de la aurora,
se duerman los sonidos

XCVII

Mi constante palpitar por ti,
vence lo que la dicha no alcanza.

Sabes que mi corazón,
nunca fue un glacial,
desde que asomaste a mi vida,
la pasión marcó,
un punto de modulación,
la calidez de tu amor,
me atrapó,
la sensualidad de tu voz,
me cautivó,
acariciándome,
como un sutil tañido de campanas.
Volviéndome pantera que devora,
mi alma.

Cuanto más se ama,
más se llora,
en esta soledad,
que te inventa,
sin tenerte cerca,
que te hace versos,
sin primaveras,
mientras dormita la luna,
en una callada,
claridad difusa

XCVIII

Al caer la noche,
en lo más profundo de mi alma,
la oscuridad me deja a ciegas,
va naufragando mi calma.

El silencio de tus besos,
se hace presente en mi almohada,
recordando tu partida,
pensando ya llegará el alba,
con su delicado canto,
por carecer de tu mirada,
que tanta falta le hace,
como tus abrazos a mi alma.

Ni bueno ni malo,
solo persiste tu aliento,
aunque ahora yo me sienta,
como un frio desierto.

Sigo soñando,
también esperando,
eres mi amor eterno,
mi amor idealizado.

Te tengo entre mis brazos,
no te puedo sujetar,
te cubro de besos,
para que no dejes de pensar,
te acercas a mi alma,
te tienes que marchar.

Dejas un vacío,
que no se puede llenar.

XCIX

La tarde caía,
yo viendo el sol de mediodía.

Un verso se me escapa de los labios,
como a ti, que eres preso y esclavo,
del sabor a besos,
que tiene la llama del pecado.

Mis sombras, ya no son sombras,
tengo la luz de una estrella,
Iluminando mi alma,
con su estela.

Como una lava de volcán,
como un remolino de fuego,
me quemaste, me incendiaste,
mientras la lluvia iba cayendo,
nosotros, escuchando nuestros sueños.

El rumor del rio se detuvo en mi pecho
el viento te susurró al oído
ámala ahora,
después, solo podrás recordarla,
aunque volveá, al pensarla,
como un espejo,
y nunca podrás escapar de su reflejo.

C

Tus susurros se oyen,
en las noches solitarias.

Tus palabras las siento,
con la mayor de las esperanzas,
acariciar tus labios,
mientras me hablas,
tal vez sentir tu aliento,
cerca de mi cara.

El azul prisionero de tus ojos,
la luna, desdeñada,
por el color plata de tu pelo,
que desaíra a la noche estrellada.

El atardecer, duerme en la mirada,
mientras el viento atrevido,
sopla y sopla.

Nosotros pegados bajo las sábanas,

besándonos sin límites, ni tiempo,
en nuestros brazos derrotados,
entregando gemidos al viento.

Tus manos se pierden en mi cuerpo,
se mezclan tibias con el pelo.

Quiero fuego que nos dure mucho tiempo,
beber el néctar del aliento,
como un amor de media noche,
sintiendo esa lluvia nocturna,
que alivia mis dolores.

Embistiéndome olas invisibles,
con tu cabalgar a galope,
susurrándonos,
uniendo nuestros corazones,
en la locura de un amor con locura.

Índice